SÜSSWASSERFISCHE

Text J. Čihař
Illustrationen J. Malý

MOSAIK VERLAG

Text: Dr. J. Čihař
Illustrationen: J. Malý
Ins Deutsche übertragen von Dr. H. Barthová-Kačírková
Graphische Gestaltung: S. Valoušková
Schutzumschlaggestaltung: HTG-Werbung Tegtmeier + Grube KG
Printed in Czechoslovakia by Svoboda, Praha
ISBN 3-570-06054-3

INHALT

EINLEITUNG

Dem Tauchsport widmen sich, mit Tauchmaske, Schnorchel und Schwimmflossen oder mit einem Lungenautomat ausgerüstet, von Jahr zu Jahr mehr Menschen – er wird langsam zu einer der populärsten Sportarten. Das ist kein Wunder, denn so kann der Mensch in ein völlig unbekanntes Lebensmilieu Einblick nehmen, das für ihn Jahrhunderte lang in tiefes Geheimnis gehüllt war. Unter dem Wasserspiegel der Meere und süßen Binnengewässer entdekken wir nun eine wundervolle, unglaublich bunte und mannigfaltige Welt. Allerdings locken den Menschen nicht nur die seichten Meere mit Korallenriffen, die von der Sonne durchwärmt und von farbenfrohen Fischen sowie einer Vielzahl anderer wundersamer Meertiere bevölkert sind; gleiche Aufmerksamkeit verdient auch die bisher zu Unrecht vernachlässigte Welt unter der Wasseroberfläche der Flüsse und Bäche, der Tümpel, Teiche und Seen.

Mit unserem Buch wollen wir Ihnen die bekanntesten und in wirtschaftlicher Hinsicht bedeutendsten Fische der Binnengewässer näherbringen. Wir möchten sie Ihnen so vorstellen, wie wir sie selbst gesehen haben, wenn wir tauchten, um sie zu beobachten. Häufig haben wir uns den Fischen im Wasser so weit genähert, daß wir nicht nur ihre schönen Farben und ihre anmutige Bewegung bewundern, sondern auch in ihr „Privatleben" vielfach ganz aus der Nähe Einblick nehmen konnten. Wenn sich der Mensch unter der Wasseroberfläche ruhig verhält und die Fische nicht durch heftige Bewegungen aufschreckt, kann er ganz in ihre Nähe gelangen.

Auch der schönste Fisch verliert, wenn man ihn aus dem Wasser zieht, binnen wenigen Minuten seine Regenbogenfarben; es verbleibt nur ein matter Abglanz. Um Ihnen die Fische in ihrem eigenen Lebensmilieu zeigen zu können, mußten wir eine völlig neue Art von Zusammenarbeit zwischen dem Ichthyologen, d.h. Zoologen, dessen Aufgabe es ist, die Fische und ihre Lebensweise zu erkennen und zu studieren, und dem Gestalter aufnehmen, der die vergängliche Schönheit der Fische und ihre charakteristische Bewegung möglichst treu festhalten will. Die Bilder der Fische, die Sie in unserem Buch sehen, sind das Ergebnis direkter Beobachtungen; die Fische wurden so dargestellt, wie sie der Gestalter frisch im Gedächtnis bewahrt in farbigen Studien festgehalten hatte.

Mehrere Jahre lang haben wir das Leben der Fische im Wasser beobachtet, ihre Bewegungen im Aquarium studiert und Aufnahmen, Zeichnungen und farbige Studien von ihnen gemacht. Das Resultat ist das Buch, das nun vor Ihnen liegt. Wir leiten es mit einigen kurzen Kapiteln ein, die Sie mit Wissenswertem aus dem Leben der europäischen Süßwasserfische und mit einigen unserer Erfahrungen im Fangen der Fische bekannt machen sollen. Daran schließen sich die farbigen Abbildungen der Fische mit kurzen Beschreibungen der einzelnen Arten und knappe Angaben über ihre Verbreitung und Lebensweise an.

Wir würden uns freuen, wenn das Buch auch in dem Leser Interesse für das geheimnisvolle Leben unter der Oberfläche der fließenden und stehenden Gewässer wachrufen würde; diese Welt ist immer noch von Rätseln und Geheimnissen erfüllt.

EINFÜHRUNG IN DIE HYDROBIOLOGIE

Fließende und stehende Gewässer verleihen jeder Gegend und jeder Landschaft ein bestimmtes charakteristisches Gepräge. Quellen, Bäche und Wildbäche, Flüsse der Niederungen, tote Arme, Seen, Staubecken und Teiche stellen für zahlreiche Pflanzen und Tiere ein ganz besonderes Lebensmilieu dar. In diesen Gewässern leben Gemeinschaften von Wasserorganismen, in denen alle ihre Glieder genau umrissene Aufgaben zu erfüllen haben. Die grünen Wasserpflanzen assimilieren und wachsen, wobei sie ständig das Gleichgewicht zwischen der im Wasser vorhandenen Kohlendioxyd- und Sauerstoffmenge aufrecht erhalten. Sie bilden die Hauptnahrung einer großen Gruppe von Tieren, die die pflanzliche Materie in tierische umwandeln und selbst wieder anderen Tieren als Nahrung dienen. Eine andere Gruppe von Wasserorganismen lebt von abgestorbenen Pflanzen und toten Tieren. Auf diese Weise werden die Nährstoffe wieder in den neuen Kreislauf einbezogen.

Das Leben im Wasser unterscheidet sich in manchem grundsätzlich vom Leben an der Luft. Allein schon die Dichte des Wassermilieus ist um ein Vielfaches höher als die der Luft. Die Wassertiere müssen, wenn sie sich bewegen, einen viel größeren Widerstand überwinden als die landbewohnenden Tiere. Ihr spezifisches Gewicht ist dabei in der Regel ungefähr so hoch wie das spezifische Gewicht des Wassers; dieser Umstand ermöglicht es ihnen, praktisch bewegungslos im Wasser zu stehen.

Ebenso wie die Luft muß auch das Wasser verschiedene wichtige Bedingungen erfüllen, wenn sich das Leben im Wasser nicht nur behaupten, sondern auch gut entfalten soll. Es muß die richtige Temperatur und ausreichenden Sauerstoffgehalt aufweisen sowie die erforderlichen anorganischen und organischen Stoffe enthalten.

Auch wenn die Temperatur der Luft viel stärker schwankt als die des Wassers, ist der Sauerstoffgehalt auch in unterschiedlich warmer Luft immer ungefähr gleich. Im Wasser dagegen nimmt der Sauerstoff mit steigender Temperatur auffallend rasch ab.

Fische und andere Wassertiere verbrauchen beim Atmen den Sauerstoff und reichern das Wasser mit Kohlendioxyd an — das wird von den grünen Wasserpflanzen auf dem Wege der *Photosynthese* in pflanzliche Eiweißstoffe und Fette umgesetzt, wobei diese Pflanzen erneut Sauerstoff in das Wasser freigeben. Die Photosynthese ist jedoch nur bei Licht möglich — in der Nacht entziehen auch die grünen Pflanzen dem Wasser Sauerstoff und geben Kohlendioxyd an das Wasser ab. In fließenden Gewässern wird der Sauerstoff ausgiebig aus der Luft ergänzt, in stehenden Gewässern nehmen manchmal grüne Algen und andere Wasserpflanzen zu stark überhand. Bei Nacht sinkt dann der Sauerstoffgehalt des Wassers, Fische und andere empfindlichere Wassertiere sterben. Allerdings stellen nicht alle Fischarten gleich hohe Ansprüche an den Sauerstoffgehalt des Wassers. Manche Fische, zum Beispiel die Forelle oder die Groppe, brauchen zum Leben viel mehr Sauerstoff als beispielsweise die meisten Karpfenfische. Forellen und Groppen findet man meistens in kühlen, sauerstoffreichen Gebirgsbächen und -flüssen; Karpfen, Brachsen, Plötzen und anderen karpfenartigen Fischen begegnet man dagegen überwiegend in warmen, von der Sonne durchwärmten Gewässern der niedrigeren Lagen. Die für die Bachforelle optimale Wassertemperatur liegt zwischen 12 und 15° C, für den Karpfen zwischen 22 und 25° C. Wenn die Temperatur merklich und für längere Zeit über diese Grenze steigt, ersticken die Fische. Manche Fische Europas helfen sich bei ungünstigen Bedingungen dadurch, daß sie Luft atmen können, zum Beispiel der Schlammpeitzger.

Der Schlammpeitzger lebt in verkrauteten und schlammigen Seitenarmen zwischen Teichen, in Tümpeln und toten Flußarmen. Wenn im Wasser Sauerstoffmangel herrscht, schwimmt er an die Oberfläche und schnappt nach Luft, der er den Sauerstoff mit Hilfe der reichlich durchbluteten Darmschleimhaut entzieht.

Die Karausche kann bei extrem ungünstigen Sauerstoffbedingungen den lebensnotwendigen Sauerstoff selbst erzeugen. Diese besondere Fähigkeit wollen wir etwas näher erklären: In verwachsenen Tümpeln und in toten Flußarmen lebt sie stellenweise als Kümmerform, die nur ausnahmsweise eine Länge von 10 cm erreicht. Im Unterschied zu den gewöhnlichen Karauschen hat sie einen niedrigen und relativ langen Körper. Sie wächst sehr langsam. Die Länge von 10 cm erreicht sie gewöhnlich erst mit acht bis zehn Jahren. Es ist wirklich erstaunlich, wie dieser kleine Fisch jahrelang ungünstige Lebensbedingungen ohne Schaden verträgt. Den größten Teil des Jahres lebt er in Wasser, das keinen oder kaum Sauerstoff enthält, aber dafür einen hohen Prozentsatz Kohlendioxyd und Schwefelwasserstoff hat. Jeder andere Fisch würde in einem derartigen Milieu bald ersticken. Die Karauschen können unter diesen Bedingungen leben dank ihrer besonderen Fähigkeit, den zu ihrem Leben notwendigen Sauerstoff in ihrem Körper durch Spaltung von Fett selbst zu erzeugen. Diese Fähigkeit, die als *anaerober Metabolismus* bezeichnet wird, besitzen nur einige wirbellose Tiere (Darmparasiten), wie zum Beispiel der Bandwurm und der Spulwurm. Bei den Wirbeltieren kommt diese Fähigkeit nur ganz vereinzelt vor.

Die verkümmerten Karauschen können sogar für kurze Zeit zwischen dem Pflanzenbewuchs im Eis einfrieren und leben trotzdem weiter. In dieser Hinsicht erinnern sie an den nordamerikanischen und sibirischen Fisch *Dallia pectoralis*, der mit unserem Hecht verwandt ist. Er kommt auch nach längerem Einfrieren wieder zu sich, allerdings darf sein Körpergewebe nicht erfrieren. Wenn seine Körperzellen gefrieren, d.h. wenn das Wasser in seinem Körper kristallisiert, geht der Fisch zugrunde.

Die Temperatur des Wassers spielt eine wichtige Rolle auch bei der Vermehrung der Fische und entscheidet eigentlich darüber, ob sich die Fische überhaupt fortpflanzen. Die Temperatur ist für die Entwicklung der Fischbrut in den Eiern ausschlaggebend. Die Forellen, die als abgehärtet bekannt sind, laichen in den Wintermonaten im eisigen Wasser der Gebirgsbäche, die Karpfenfische brauchen dazu viel wärmeres Wasser; die Karpfen laichen beispielsweise erst, wenn die Temperatur des Wassers über 16° C steigt.

Von grundlegendem Einfluß ist die Wassertemperatur auf die Menge der Fischnahrung. Man kann deshalb beobachten, daß die Fische in kühlen Jahren zahlenmäßig viel weniger zunehmen als in warmen Jahren. Die überwiegende Mehrzahl der Süßwasserfische lebt von kleinen und größeren Wassertieren. In den strömenden Gewässern, den Bächen, Wildbächen und Flüssen, bilden die kleinen am Boden lebenden Tiere die Nahrung, in stehenden Gewässern außerdem auch *Plankton.*

Plankton ist die Gesamtheit der winzigen, frei im Wasser schwebenden Tiere und Pflanzen, von denen die meisten Arten eine eigene, wenig ausgeprägte Bewegung vollführen. Es handelt sich um mikroskopisch kleine Organismen, wie einzellige Wasseralgen, Urtiere oder winzige Wasserwürmer, Rädertierchen sowie auch verschiedene kleine im Wasser lebende Krustentiere. Die bekanntesten sind die jedem Aquarienbesitzer geläufigen Wasserflöhe und Hüpferlinge. Das pflanzliche Plankton wird als *Phytoplankton* bezeichnet, das tierische als *Zooplankton.*

Eine andere, als *Nekton* bezeichnete Gruppe von Organismen besteht aus Lebewesen, die im Wasser nicht nur schweben, sondern sich auch aktiv fortbewegen können. Zum Nekton gehören manche Wasserinsektenlarven und verschiedene Wasserkäfer, hauptsächlich aber die Fische. Die winzigen Organismen, die in der obersten Wasserschicht leben, heißen *Neuston;* es sind vor allem verschiedene Urtiere — Geißeltierchen. Alle Lebewesen, die die Wasseroberfläche als Unterlage benutzen, auf der sie sich fortbewegen, werden als *Pleuston* bezeichnet. Die bekanntesten Lebewesen dieser Gruppe sind die schlanken lang-

Abb. I. Typen der im Wasser vorhandenen Lebensgemeinschaften
a) Benthos b) Plankton c) Nekton d) Pleuston

beinigen Wasserläufer, die schwarzen Wirbelkäfer, aber auch verschiedene Arten von Wasserflöhen, die von unten an der Wasseroberfläche hängend schwimmen.

Die Lebewesen auf dem Grund der Gewässer, die zusammenfassend als *Benthos* bezeichnet werden, bilden jedoch die wichtigste Komponente der Nahrung der in fließenden Gewässern lebenden Fische. Zu ihnen werden die Larven verschiedener Insekten gezählt, die im Wasser leben, zum Beispiel die Larven der Eintagsfliegen, der Uferfliegen und Köcherfliegen sowie Zuckmücken, die Süßwasserflohkrebse, verschiedene im Wasser lebende Weichtiere, Wasserwanzenlarven und Würmer. Eine wichtige Nahrung für Forellen, Äschen, Döbel und andere Fische bilden auch die Anfluginsekten, d.h. Insekten, die auf das Wasser fallen. Manche dieser Fische, hauptsächlich die größeren Einzelgänger, ernähren sich nach Raubfischart; sie jagen verschiedene kleine Fische, die Jungen der eigenen Art nicht ausgenommen.

In den verschiedenen Gewässern leben unterschiedliche Gruppen von Lebewesen, die in ihrer Gesamtheit eine Lebensgemeinschaft bilden. Eine charakteristische Lebensgemeinschaft bewohnt beispielsweise die rasch fließenden

Gebirgsbäche und Sturzbäche mit starkem Gefälle — ihr Lebensmilieu sind kühle und reine, sauerstoffreiche Gewässer. Damit die kleinen Lebewesen von der starken Strömung nicht fortgetragen werden, haben sie häufig an der Bauchseite verschiedene Saugorgane, und ihre Körperform ist meistens ebenfalls der starken Strömung angepaßt — ihre Bauchseite ist gewöhnlich flach, damit sie sich besser an den Grund anschmiegen können. Die in diesem Milieu am häufigsten vertretene Gruppe bilden wirbellose Lebewesen, hauptsächlich die Larven der Eintagsfliegen, der Ufer- und der Köcherfliegen. Zu den charakteristischen Fischen dieses Milieus zählt die Bachforelle; deshalb bezeichnet man rasch strömende Gebirgswasser mit großem Gefälle als Forellenregion. Außer Forellen leben hier aber noch andere Fische — an den stillen Stellen unter Steinen verbergen sich die kleinen Groppen, in ruhigen und tieferen Tümpeln kann man der farbenfrohen, lebhaften Elritze, der langen bärtigen Schmerle, dem gierigen Döbel und dem kleinen Flußneunauge begegnen.

Eine anders beschaffene Gemeinschaft bewohnt die Bäche der Vorgebirge und die Flüsse der niedrigeren Lagen; das Wasser ist hier tiefer, das Gefälle mäßiger, die Strömung langsamer und die Wassertemperatur etwas höher. Auch in diesen Abschnitten der Bäche und Flüsse findet man Forellen und andere Fische der Gebirgswasser. Der typische Fisch dieser Vorgebirgsgewässer mit sandigem oder kiesigem Grund ist jedoch die Äsche, und deshalb wird dieser Abschnitt als Äschenregion bezeichnet. Außer ihr leben hier noch andere Fische — Gründling und Barbe — und im Einzugsgebiet der Donau der Huchen und die Nase. Alllerdings kommt nicht in allen Flüssen eine Äschenregion vor.

Der typische Fisch größerer und tiefer, rasch fließender Flüsse am Fuß der Gebirge ist die Barbe — nach ihr wird dieser Gewässertyp als Barbenregion bezeichnet. Aber auch hier begegnet man normalerweise außerdem anderen Fischarten — den Döbeln, Hechten, Quappen, Strömern, manchmal auch Barschen und sogar Karpfen.

Die langsam fließenden, tiefen Gewässer der Niederungen mit den zahlreichen toten Armen und Tümpeln sind die Heimat vieler karpfenartiger Fische — der Brachsen (Bleie), Güster, Plötzen, Karpfen, Rotfeder, Rapfen, Zährten, Ukeleie. Man findet hier meistens auch Hechte, Welse, Zander, Barsche und Aale. Da der Brachsen bzw. Blei der häufigste und typischste Fisch dieser ruhigen Flußläufe der Niederungen ist, wird dieser Abschnitt Bleiregion genannt.

Sehr ähnliche Gemeinschaften von Fischen und anderen Lebewesen wohnen in großen Stauseen, in denen die Lebensbedingungen allerdings durch die häufigen und relativ starken Schwankungen des Wasserstandes ungünstig beeinflußt werden und vielfach auch die Vermehrung der Fische unmöglich gemacht wird. Hier spielt in der Gemeinschaft als Nahrung bereits das Plankton eine wichtige Rolle, und dies gilt auch für die Altarme und Tümpel. Das meiste Plankton ist jedoch in den Teichen vorhanden, in künstlich angelegten Becken, die teichmäßig bewirtschaftet, d.h. meliorisiert, gedüngt, gekalkt und von übermäßigem Pfanzenbewuchs befreit werden. Die Teichverwaltungen besetzen die Teiche mit wirtschaftlich wertvollen Fischarten (Karpfen, Hechten, Schleien, Zandern). Diese Teiche und Becken werden regelmäßig abgefischt, d.h. ausgelassen, und die Fische gefangen.

Einen völlig eigenständigen Biotop stellen manche Gletscherseen dar. In den Seen der Alpen, in den skandinavischen, irischen und schottischen Seen leben verschiedene Arten und Formen von Saiblingen, Maränen, Bach- und Seeforellen. Ganz besondere, sogenannte *endemische Fische* (d. h. Arten, die sonst nirgends vorkommen) leben beispielsweise im Ohridsee — am bekanntesten sind die dortigen großen Forellen.

ALTERTÜMLICHE WIRBELTIERE

Rundmäuler und Fische gehören zu den ältesten Wirbeltieren unseres Planeten; ihre Vorfahren erschienen bereits vor 400 oder 500 Millionen Jahren in der Formation, die als *frühes Silur* bezeichnet wird. Rundmäuler und Fische waren das erste Glied in der Entwicklung des Stammes der Wirbeltiere und sind dem feuchten Element seit Millionen Jahren treu geblieben. Erst viel später unternahmen es manche Wasserbewohner, zum ersten Mal an Land zu gehen, und wurden so die Vorfahren der heutigen landbewohnenden Wirbeltiere — Amphibien, Kriechtiere, Vögel und Säugetiere.

Von den Rundmäulern haben sich in den Ozeanen und süßen Gewässern bis zum heutigen Tag nur einige wenige Dutzend von Arten erhalten, während die heutigen Fische eine zahlenmäßig sehr große und auch vielseitige Klasse bilden; sie machen etwa die Hälfte aller gegenwärtig lebenden Wirbeltierarten aus, das bedeutet ungefähr 20 000 bis 25 000 Fischarten. Man findet sie in allen Gewässertypen der Erde — in den größten Meerestiefen ebenso wie in etwa 5000 m Höhe ü. N. N. in den Zuflüssen des südamerikanischen Sees Titicaca, in den eisigen Gewässern der Antarktis ebenso wie in den Flüssen und Tümpeln der Tropen. Manche Fischarten leben sogar in heißen Sprudeln. Von der ungeheuren Fülle der Fischarten, die es auf der Welt gibt, lebt in den Binnengewässern Europas wirklich nur ein ganz kleiner Teil, der Bruchteil eines Prozents.

Die primitivsten aller Wirbeltiere sind die Rundmäuler. Es sind die Inger und die Meer- bzw. Süßwasserneunaugen; sie haben einen gestreckten aalartigen Körper und ein Knorpelskelett; es fehlen ihnen die Flossenpaare. Ihre Haut ist nackt, schuppenlos. Auf den ersten Blick sehen sie gar nicht wie Wirbeltiere aus. Die Neunaugen haben runde Saugmäuler, die gleichsam einen mit kleinen hornartigen

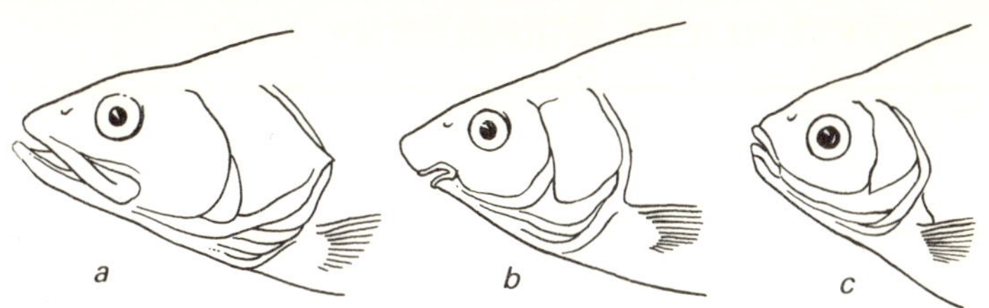

Abb. II. Typen der Fischmäuler
a) mittelständiges Maul b) unterständiges Maul c) oberständiges Maul

Zähnen besetzten Trichter bilden. In der Mitte des Trichters befindet sich eine bezahnte Zunge, die zugleich die Funktion eines Kolbens erfüllt. Mit diesem leistungsfähigen Sauginstrument saugen die Neunaugen die Körpersäfte ihrer Beute aus und zerkleinern die Muskeln von Fischen und wirbellosen Lebewesen.

Die Klasse der echten Fische *(Teleostei)* unterscheidet sich von den primitiven Rundmaulwirbeltieren und den sogenannten Knorpelfischen, zu denen auch die Haifische, die Rochen und die seltsamen Seedrachen gerechnet werden, durch das feste Knochenskelett. Im Gegensatz zu den kieferlosen Neunaugen besitzen die Fische einen voll entwickelten Schädel mit Kiefern. Der Körper der meisten Fische ist mit Schuppen bedeckt. Bekannt sind allerdings auch zahlreiche Fische — einer von ihnen ist der Riese der europäischen Flüsse, der Wels — an deren Körper man keine Schuppen findet. Den Körper anderer Fische, der mächtigen Störe, bedecken Längsreihen großer Knochenschilde.

Die Bewegungsorgane der Fische sind die Flossen; die meisten Fische haben paarige Brust- und Bauchflossen und eine einzelne Rücken-, Schwanz- und Afterflosse. Manche Fische haben jedoch keine Bauch- oder Brustflossen, wieder anderen fehlt die Rücken- oder Schwanzflosse. Als ein Beispiel für alle anderen kann der Aal genannt werden, dem die paarige Bauchflosse fehlt; die Rückenflossen, die Schwanz- und Afterflosse sind zusammengewachsen und bilden einen Flossensaum.

Sehr unterschiedlich ist auch die Körperform der einzelnen Fische. Am häufigsten kommt der stromlinienförmige Körper vor, wie ihn beispielsweise die Forellen, Plötzen, Zander oder Karpfen haben. Häufig begegnet man aber auch einem langen, schlangenförmigen Körper, wie zum Beispiel beim Aal. Die Flundern sind stark abgeplattet und im ausgewachsenen Stadium ganz unsymmetrisch. Sie bilden in ihrer asymmetrischen Körperform die einzige Ausnahme von allen Wirbeltieren. Alle anderen Fische und die meisten aller Lebewesen auf der Erde sind symmetrisch, die linke Körperhälfte ist das Spiegelbild der rechten.

Wenn man die Fische als Gruppe charakterisieren will, kommt man allerdings mit den äußeren Körpermerkmalen nicht aus, sondern man muß auch ihre Anatomie zu Hilfe nehmen. Alle Fische weisen grundsätzlich vom Kopf bis zum Schwanz den gleichen Körperbau auf. Bei den entwicklungsmäßig ältesten Gruppen von Fischen ist zwar das Rückgrat noch knorpelig, alle weiter entwickelten Fische haben jedoch bereits ein aus Knochen bestehendes Rückgrat.

Unter den Fischen der Binnengewässer Europas findet man wahre Riesen, andere Arten gehören dagegen zu den kleinsten Wirbeltieren überhaupt. Der größte Süßwasserfisch Europas ist der Hausen, ein Koloß, der die in das Schwarze Meer mündenden Flüsse bewohnt. Ein Rekordexemplar, das gefangen wurde, war 9 m lang und wog ungefähr 1,5 t. Ein Verwandter des Hausens, der große Stör, erreicht manchmal eine Länge von 3,5 m und ein Gewicht von etwa 300 kg. Zu den Riesenbewohnern der Flüsse und Stauseen gehört auch der Wels. Heute kommen nur noch ausnahmsweise Exemplare vor, die 3 m lang und etwa 100 kg schwer sind. Früher lebten in der Donau und ihren Nebenflüssen weit größere Welse. Aus dem Jahr 1726 ist der Fang eines Welses bekannt, der 340 kg wog. Rekordexemplare von Hechten erreichen eine Länge von

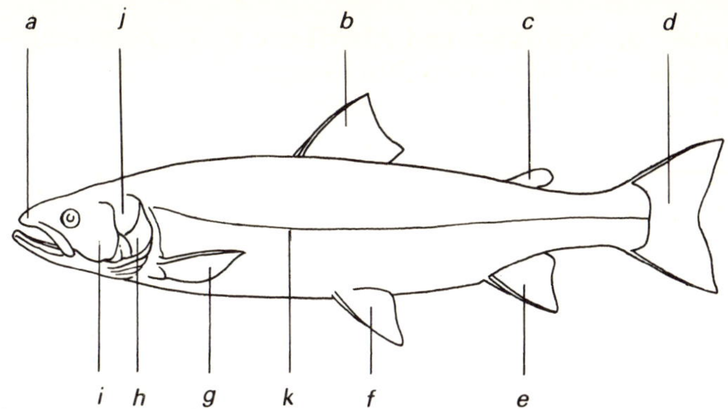

Abb. III. Schematische Darstellung der Lachse und Maränen
a) Schnauze b) Rückenflosse c) Fettflosse d) Schwanzflosse e) Afterflosse f) Bauchflossen g) Brustflossen h) hinterer Kiemenknochen i) vorderer Kiemenknochen j) mittlerer Kiemenknochen k) Seitenlinie

mehr als 1,5 m und ein Gewicht von 35 bis 40 kg. Ebenso groß sind manchmal auch Lachse und Huchen; sie wiegen noch etwas mehr, bis über 50 kg. Beträchtliche Größen erreichen Meer- und Seeforellen, Zander, Barben, Karpfen und manche andere Fische. Es sind Fälle bekannt, wo ein gefangener Karpfen über einen Meter lang war und mehr als 30 kg wog.

Zu den kleinsten Süßwasserfischen Europas gehören die Moderlieschen und Bitterlinge, die in der Regel nur 5 bis 6 cm lang sind. Nur wenig länger, dafür aber zierlicher sind die Steinbeißer. Aber auch diese kleinsten Bewohner der europäischen Gewässer sind noch groß im Vergleich mit manchen Zwergfischen bzw. Fischzwergen der Tropen. Der kleinste Fisch der Welt, *Pandaka pygmaea* von den Philippinen, mißt erwachsen nur 7 bis 10 mm. Wie klein ist wohl sein Laich!

Überaus interessant ist die Frage, welches Alter die Fische gewöhnlich erreichen. Viele Arten, zu denen manche karpfenartigen Fische gehören, wie Moderlieschen, Elritze oder Gründling, leben nur ein Jahr oder nur wenige Jahre.

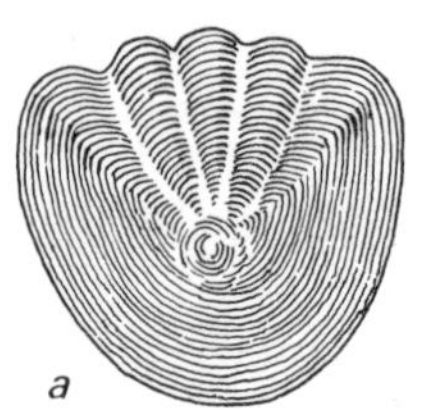

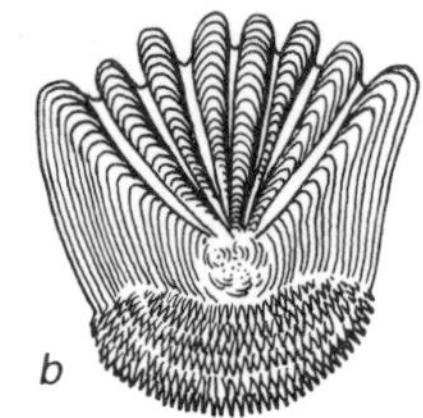

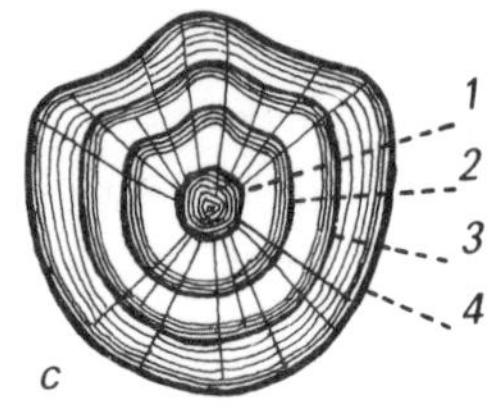

Abb. IV. Typen der Fischschuppen
a) Cykloidschuppe der Karpfenfische
b) Ctenoidschuppe der Barsche 1, 2, 3, 4 — Jahreszuwächse

Große Karpfen, Hechte, Welse, Forellen oder Barben können das relativ hohe Alter von einigen Jahrzehnten erreichen. Die alten auch heute noch hin und wieder hartnäckig wiederholten Berichte von Karpfen, die mehrere Jahrhunderte lebten, gehören aber wirklich ins Reich der Fabeln. Von den Süßwasserfischen erreichen das höchste Alter die riesigen störartigen Fische. Die riesigen Hausen oder Störe können weit über hundert Jahre alt werden.

Das Alter der Fische läßt sich heute anhand der Struktur der Schuppen und mancher Gräten (zum Beispiel der Wirbel oder der Knochen des Kiemendeckels) relativ sehr genau feststellen. Es läßt sich auch bestimmen, wie rasch der Fisch in den vergangenen Jahren gewachsen ist. Die Jahreszuwächse sind nämlich an den Schuppen und den Gräten deutlich erkennbar. In Zeitabschnitten, wenn die Fische überhaupt keine Nahrung aufnehmen oder sich nur in sehr beschränktem Maß ernähren, nehmen ihre Schuppen am Umfang fast gar nicht zu; ein solcher Zeitabschnitt erscheint an den Schuppen als dunkler, undurchsichtiger Streifen. Im Sommer dagegen, wenn die Fische sich intensiv ernähren und rasch wachsen, wachsen auch die Schuppen im Umfang rasch. Die im Sommer wachsenden Schuppenränder sind als breite, hellere Lamellen erkennbar. Wenn man mit der Lupe oder einem Mikroskop zählt, wieviele dunkle Winterringe an der Schuppe zu sehen sind, stellt man fest, wieviele Winter der Fisch bereits erlebt hat. An der Entfernung der einzelnen Winterringe von der Schuppenmitte läßt sich ausrechnen, wie rasch der Fisch in den letzten Jahren gewachsen ist.

Im Gegensatz zu den warmblütigen Wirbeltieren wachsen die Fische ständig, ihr ganzes Leben lang. Ihr Wachstum ist also, solange sie leben, eigentlich niemals abgeschlossen.

Einen besonders interessanten Anblick erlebt man unter dem Wasser, wenn man die Fische in der Laichzeit beobachtet. Zunächst sollen jedoch ein paar Worte über die Fortpflanzung der Fische im allgemeinen gesagt werden.

Keiner der europäischen Fische gehört zu den Lebendgebärenden, d. h. zu den Arten, bei denen die Befruchtung der Eier im Körper des Rogeners erfolgt. Alle Fische der Binnengewässer Europas laichen in das Wasser. Nach dem Milieu, in dem sie laichen, und nach dem Substrat, auf dem die Fische den Rogen ablegen, können wir sie in verschiedene Gruppen einteilen. Die am stärksten verbreitete Gruppe bilden Fische, die zwischen Wasserpflanzen oder auf überschwemmten Wiesen laichen und deren Eier am Pflanzenbewuchs anhaften — diese Fische werden als *phytophil* bezeichnet. Zu ihnen gehören die meisten Karpfenartigen, wie Karpfen, Brachsen, gewöhnlich auch Plötzen und Rotfedern, aber auch der Schlammbeißer, der Hecht und einige andere. Eine ähnliche Art des Laichens erfolgt zwischen den entblößten Wurzeln von Wasserpflanzen, in den feinen Wurzeln unterwaschener Bäume, auf untergetauchten Zweigen, Reisig und anderem Material.

Die nächste Gruppe bilden Fische, die auf unter dem Wasser befindlichen Steinen oder auf steinigem Grund laichen. Diese Fische heißen *lithophil.* Zu ihnen gehören der Rapfen, die Nase, der Aland, der Döbel, die Zährte, die Barbe, die Störe und manche andere. Zu dieser Gruppe werden auch jene Fische gerechnet, die auf sog. *Laichplätzen (Laichgruben)* laichen und ihre Eier an Steine, Kies oder Sand kleben, wo sie sie vergraben, damit sie von der reißenden Strömung nicht fortgeschwemmt oder von Feinden vernichtet werden.

Manche Fische — von den europäischen Süßwasserarten aber nur die Ziege — haben *pelagische Eier*; das bedeutet, daß sie die Eier lose ins Wasser legen, wo sie dann schweben und mit der Strömung fortgetrieben werden. Einen ganz besonderen und sehr sicheren Ort hat einer der kleinsten Fische Europas, der Bitterling, für seine Nachkommenschaft gewählt; mit Hilfe einer langen Legeröhre legt das Weibchen seine relativ großen Eier direkt in die Kiemenhöhle bestimmter Muscheln.

Die Fischarten, die riesige Mengen von Eiern legen, wie zum Beispiel der Karpfen, der Hecht, die Schleie oder die Quappe, kümmern sich meistens nicht weiter um ihre Nachkommenschaft. Obwohl aus den Eiern nur ein ganz geringer Prozentsatz Fischbrut schlüpft und von den kleinen Fischen nur manche weiter wachsen und erwachsen werden, besteht immer die große Wahrscheinlichkeit, daß aus einer solchen Menge von Eiern Nachkommen hervorgehen. Dagegen müssen Arten, die eine kleine Zahl von Eiern ablegen, wie der Hundsfisch und der Bitterling, die Lachsfische und Äschen, ihre Nachkommenschaft schützen und für sie sorgen. Sie vermehren sich deshalb in Verstecken, vergraben die Eier im Geröll auf den Laichstellen oder bauen auch verschiedenartigste Nester, in denen ein Elternteil oder auch beide die Eier bewachen und schützen.

Die meisten Fische leben ihr ganzes Leben lang an den Stellen, wo sie auch laichen. Manche Arten dagegen ziehen weit weg an einen zum Laichen geeigneten Ort. Dies gilt für die Aale, die Lachse, die Meerforellen, manche Heringe und karpfenartigen Fische, wie die Nase oder die Zährte.

Das Laichen der Fische zu beobachten, gehört zu den interessantesten Erlebnissen. Die meisten europäischen Fische laichen zu einer Zeit, wenn die Temperatur des Wassers auch für den Menschen angenehm ist; häufig muß man aber zur Laichzeit gar nicht tauchen — es genügt, die an seichten Stellen laichenden Fische von einem Boot aus durch ein Schauglas oder einen wasserdichten Rahmen zu beobachten, dessen Boden aus Glas besteht. Zur Laichzeit sind die Fische nicht scheu, fürchten sich weder vor dem Boot noch vor dem Beobachter, wenn man zwischen ihnen watet. Allerdings bedeutet es ein noch viel größeres Erlebnis, wenn man sich unter Wasser direkt in der Nähe eines großen laichenden Brachsen oder Plötzen befindet.

Zunächst ist man Zeuge gewisser Vorbereitungen: die Männchen verfolgen die Weibchen, beißen sie in Bauch und Kopf, streichen an ihren Seiten und Rücken vorbei. Dann kommt der Zeitabschnitt, in dem die Männchen mit seltsamen Ruckbewegungen zwischen den Wasserpflanzen umherschwimmen, einmal die Flossen weit ausbreiten und sie dann wieder an den Körper anziehen und abwechselnd die Rücken- sowie Brustflossen schütteln. Diese Phase des Laichens erinnert stark an das Balzen mancher Vögel. Während sich das Männchen produziert, steht das Weibchen entweder unbeweglich an einer Stelle oder folgt langsam dem Männchen. Nun kommt der Höhepunkt des Zeremoniells – die einzelnen Paare schwimmen an den seichten Stellen dicht unter die Wasseroberfläche, drücken sich Seite an Seite und stoßen unter krampf- und ruckartigen Bewegungen des ganzen Körpers und mit schlagenden Schwanzflossen die Rogner die Eier und die Milchner die Milch aus. In die Flocken der weißen Milch gehüllt, zerstreuen sich die Eier in der nahen Umgebung und kleben sich an die Wasserpflanzen an. Dieser Höhepunkt des Laichens ist sehr kurz, er dauert nur ein paar Sekunden. Dann entfernen sich die Fische voneinander und ruhen kürzere oder längere Zeit am Grund, um nach einer Weile den ganzen Vorgang zu wiederholen, häufig mit einem anderen Partner.

Manche Fische stoßen nicht alle Eier auf einmal aus. Die Eier werden nämlich nicht alle gleichzeitig reif, sondern nacheinander, und deshalb wird das Laichzeremoniell nach zwei bis drei Wochen wiederholt. Das nächste Laichen geht allerdings nicht mehr so stürmisch und in Massen vor sich wie das erste Mal, auch die Eiermenge ist nicht so groß, besitzt jedoch große Bedeutung. Es kommt nämlich nicht selten vor, daß der Wasserspiegel in einem

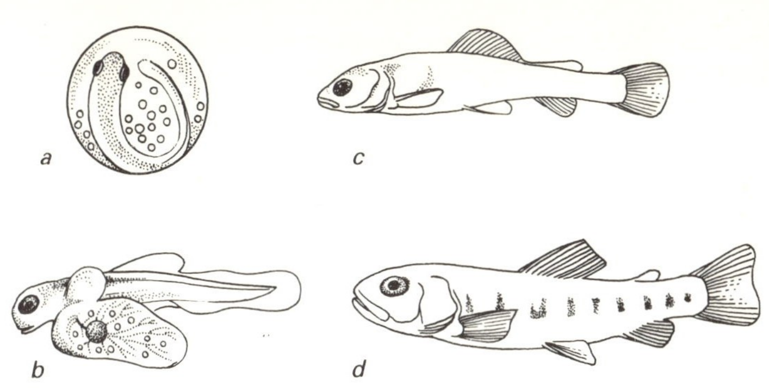

Abb. V. Entwicklung der Lachse und Maränen
a) Ei b) Dottersackbrut
c) Brut (Jungfisch) nach Aufzehren des Dottersacks d) Jungfisch

Fluß oder Stausee nach dem ersten Laichen sinkt und die Eier auf dem Trockenen bleiben. Manchmal tritt eine plötzliche starke Abkühlung ein, durch die die Keime in den Eiern zerstört werden. Durch das zweite Laichen wird dann die Erhaltung der Art gesichert.

Einen merkwürdigen Anblick bietet das Laichen der lachsartigen Fische oder Äschen. Die erwachsenen Äschen ziehen im Frühjahr aus den niedrigeren Flußabschnitten in die oberen Regionen mit stärkerer Strömung, wo jedes Männchen einen bestimmten Raum belegt, der vom Laichplatz eines anderen Männchens meistens durch große Steine, eine flache sandige Stelle, ein aufgerissenes Loch oder ein anderes Hindernis getrennt ist. Dieses kleine Reservat verteidigt es gegen andere Fische und vertreibt anfangs Männchen und Weibchen. Manchmal werden zwischen den Äschenmilchnern sogar heftige Kämpfe ausgetragen, in dessen Verlauf sie sich solange stoßen und beißen, bis der Stärkere siegt und der Schwächere das Feld räumt. Wenn das Männchen schließlich Herr auf seinem Laichplatz ist, bleibt er in dessen Mitte stehen, entfaltet seine wunderschön gefärbten Flossen, und ein Zittern läuft durch seinen ganzen Körper. Dabei nähert es sich einem oder auch mehreren Weibchen, die ein Stückchen weiter warten, bis ihr Augenblick kommt. Wenn das Weibchen zum Laichen vorbereitet ist, nähert es sich dem „balzenden" Männchen und fordert es durch eine besondere Stellung zum Hochzeitszeremoniell auf: es biegt sich im Rükken durch und zieht die Rückenflosse an. Das Männchen drückt es an sich, bedeckt es mit seiner hohen Rückenflosse, und beide Fische schwimmen langsam und ruckweise zur Mitte des Laichplatzes. Auf einmal beginnt das Paar zu zittern, das Weibchen biegt sich bogenartig und drückt den Bauch tief ins Geröll; es stößt die Eier aus, und das Männchen befruchtet sie. In diesem Augenblick reißen beide Fische das Maul weit auf. Die Eier kleben sich am Geröll fest an. Der ganze eigentliche Laichvorgang dauert nur wenige Sekunden – gleich nach dem Zeremoniell verjagt das Männchen seine Gefährtin; diese kehrt jedoch nach einem Weilchen zurück und das Laichen wird wiederholt. Gleich danach muß das Weibchen die Laichstelle wieder verlassen.

Bei den Forellen ist das Laichen anders; bei ihnen beschäftigen sich mit der Vorbereitung des Laichplatzes nur die Weibchen. Mit heftigen Schlägen des Körpers bilden sie flache, schüsselartige Vertiefungen im Grund, während die Milchner in der Strömung hinter ihnen stehen. Erst wenn der Laichplatz fertig ist, schließt sich der Milchner dem Rogner an, der sich durchbiegt und in krampfartigen Zuckungen die goldgelben Eier ausstößt. Das Laichen dauert ziemlich lang. Das Weibchen kehrt in Begleitung des unermüdlichen Milchners immer wieder auf den Laichplatz zurück. Beim Laichen sind ihre Bewegungen so heftig, daß Sand und kleine Steine, aber auch größere Kieselsteine aufgewirbelt werden und die gelaichten Eier bedecken.

Bemerkenswert ist der Laichvorgang bei den kleinen Süßwasserneunaugen. Auch diese primitiven Wirbeltiere bauen eine Laichgrube. Das Weibchen saugt sich an kleinen Steinen an, lockert sie und läßt sie von der Strömung wegschwemmen. Auf diese Weise bereitet es den Platz für das Laichen vor. Beim eigentlichen Laichen saugt sich das Männchen am Weibchen hinter dessen Kopf fest und umwindet es. Das Weibchen legt die Eier und das Männchen befruchtet sie. Nach dem Laichen gibt das Männchen das Weibchen frei und läßt sich von der Strömung forttragen. Das Weibchen bleibt am Stein angesaugt und vergräbt die befruchteten Eier mit raschen Wellenbewegungen. Nach dem Laichen sterben die erwachsenen Neunaugen ab.

DIE FISCHE UND IHRE NACHKOMMENSCHAFT

Die meisten Fische sorgen sich nicht um ihre Nachkommenschaft. Das Weibchen legt die Eier, das Männchen befruchtet sie mit seiner Milch, und die künftige Generation bleibt dann ihrem Schicksal überlassen. Manche Fische verhalten sich jedoch zu ihren Nachkommen nicht so stiefmütterlich.

Die Aufgabe von Mutter und Vater, wie wir sie bei den Menschen kennen, ist bei zahlreichen Fischarten umgekehrt: für die Eier und die Brut sorgt häufig mit Hingabe das Männchen, für das Weibchen enden die Sorgen mit dem Eierlegen. Von den Süßwasserfischen gehört der große Wels zu diesen fürsorglichen Vätern. Wenn das Welsweibchen in dem in Ufernähe vorbereiteten Nest gelaicht hat, befruchtet das Männchen die Eier und kümmert sich fortan ganz allein um sie. Es bleibt stets in der Nähe des Nestes und vertreibt die Fische, die sich der lockenden Delikatesse bemächtigen wollen. Ebenso kümmert sich auch sein entfernter nordamerikanischer Verwandter, der Zwergwels, um die Brut. Er wurde Ende des vorigen und zu Beginn dieses Jahrhunderts in die europäischen Gewässer eingesetzt und hat sich stellenweise unter geeigneten Bedingungen stark vermehrt. Auch die Männchen der beiden nordamerikanischen Fische, des Forellenbarsches und des Sonnenbarsches, die in manchen europäischen Gewässern heimisch geworden sind, kümmern sich mustergültig um die Eier. Das Männchen des Forellenbarsches baut in 1 bis 2 m Tiefe eine große flache Laichgrube von etwa 60 bis 80 cm Durchmesser, in der es die befruchteten Eier bewacht. Ähnliche Nester mit 20 bis 30 cm Durchmesser richten auch die Männchen der Sonnenbarsche am Grund her. Die Stelle, die das Männchen dafür aussucht, säubert es zunächst mit dem Maul sorgfältig vom angeschwemmtem feinem Schlamm und deckt den groben, kiesigen

Grund auf. Dann entfernt es mit dem Maul noch die kleinen Steine, bis eine flache schüsselartige Vertiefung entsteht. Schließlich bleibt das Männchen über dem Nest stehen; nach einer Weile beginnt es zu zittern und schwimmt ruckweise zu den Weibchen, die sich dem Nest genähert haben. Er sucht sich eines aus, und Seite an Seite nähern sich beide Fische der Nestmitte, wo das Weibchen die Eier ablegt und das Männchen sie befruchtet. Das Männchen bewacht sodann das Nest mit den Eiern aufmerksam, steht darüber und treibt alle Feinde in die Flucht. Da die Nester in einer großen Kolonie nicht weit voneinander entfernt sind, kommt es zwischen den einzelnen Männchen häufig zu Kämpfen. Sie stürzen sich auf den Rivalen mit ausgebreiteter Rücken-, After- und Schwanzflosse, um ihn zu vertreiben.

Wir hatten einmal Gelegenheit, eine solche Kolonie mit Nestern zu beobachten, die von den Sonnenbarschmännchen bewacht wurden. Als wir die Hand nach dem Nest ausstreckten, fuhr der unerschrockene Vater gleich auf sie los. Es war zwar ein kleiner Fisch von höchstens 10 bis 15 cm Länge, aber er fürchtete sich rein vor gar nichts.

Große Nester mit einem Durchmesser von ungefähr einem halben Meter bauen für ihre Eier an seichten Stellen in Ufernähe die Zander. Sie graben eine mehrere Zentimeter tiefe Grube und legen die Wurzeln der Wasserpflanzen, besonders des Schilfs, frei. Daran klebt das Weibchen dann bis eine Million Eier. Das Männchen bewacht das Nest mit den befruchteten Eiern sorgfältig, treibt durch ständige Bewegungen der Flossen frisches sauerstoffhaltiges Wasser zum Nest und säubert es auch von Anschwemmungen feinen Schlamms. In dieser Zeit nimmt der Zandervater keinerlei Nahrung auf.

Gewissenhafte Hüter ihrer Nachkommenschaft sind auch die kleinen Moderlieschen, die ihre Eier an Wasserpflanzen kleben, oder die beiden Arten der mitteleuropäischen Groppen, kleine Fische mit großen Köpfen aus den Forellengewässern. Um die befruchteten Eier kümmern sich auch wieder die Männchen. Die Groppen kleben die

Eier gewöhnlich an die Unterseite von Steinen, die so auf dem Grund liegen, daß sich darunter eine Höhlung befindet. Wenn sich die Brut in den Eiern entwickelt, entfernt sich das Groppenmännchen keinen Augenblick von seinem Stein und treibt alle Feinde in die Flucht, die die Eier bedrohen könnten.

Wachsame Eltern sind ferner die Stichlinge oder besser die Männchen der Stichlinge. Manche Arten bauen sogar regelrechte kugelförmige Nester mit zwei kreisförmigen Eingängen. Andere Arten, zum Beispiel der Dreistachlige Stichling *(Gasterosteus aculeatus),* bauen ein weniger kunstvolles Nest aus Wasserpflanzen und kleinsten Wurzeln. Die Stichlingmännchen bewachen nicht nur die Eier, sondern die ganze Zeit, bevor der kleine Fisch den Dottersack aufzehrt und das Nest verläßt, hüten sie auch die Jungen.

Sehr interessant ist die Fortpflanzung eines der kleinsten Fische Europas, des Bitterlings. In der Laichzeit sind die Männchen wunderschön gefärbt – die Seiten leuchten in violettem Blau, hinter dem Kopf haben sie zwei schwarze Flecken und am rückwärtigen Teil des Körpers einen blaugrünen, nach hinten zu breiter werdenden phosphoreszierenden Streifen. Die Rücken- und Afterflossen sind feuerrot und schwarz gerändert. Der Körper der Weibchen bleibt auch in der Laichzeit silbrigglänzend, doch hinter der Afteröffnung wächst eine lange rosa Legeröhre hervor, die sie so tief in die Auswurföffnung einer Teich- oder Malermuschel einschieben, daß sie deren Kiemenhöhlen erreicht. Dort stoßen sie ein oder zwei große Eier aus, die sich in den Kiemenblättchen der Muschel halten. Das Männchen stößt dicht über dem *Saugsiphon* der Muschel die Milch aus, die die Muschel mit der Wasserströmung einsaugt. Auf diese Weise werden die Eier befruchtet. Häufig dringen in dieselbe Muschel noch andere Bitterlinge ein, so daß man in ihrer Kiemenhöhle manchmal verschiedene Entwicklungsstadien der Bitterlinge gleichzeitig vorfinden kann.

Die Eier der Bitterlinge entwickeln sich in den Muscheln nur solange, als die Brut nicht ausschlüpft – die verläßt die Muschel dann durch deren Ausatmungsöffnung und gelangt ins freie Wasser.

Die Larven der Muscheln, die als *Glochidien* bezeichnet werden, heften sich, um sich gleichsam dafür schadlos zu halten, daß ihre Eltern freiwillig die Eier der Bitterlinge schützen, mit ihren winzigen Häkchen an die Haut, die Flossen und Kiemenblättchen der Bitterlinge und anderer Fischarten, schmarotzen zwei bis drei Wochen lang an deren Körpern und werden so auf diese Weise verbreitet. Erst dann setzen sie sich ab und leben selbständig am Grund. Und so kümmern sich die Fische zur Vergeltung um die Verbreitung der Muscheln in Flüssen und Teichen.

Während bei allen Fischen, die bisher besprochen wurden, der Vater die Eier und manchmal auch die Brut beschützt, kümmert sich bei den Hundsfischen *(Umbra krameri)* die Mutter um die Nachkommenschaft. Der Hundsfisch ist ein kleiner Fisch, der im Flußsystem der Donau lebt, und zwar hauptsächlich in flachen pflanzenreichen Tümpeln. Er laicht im April bei einer Wassertemperatur von 12 bis 18 °C. Die Weibchen bauen für ihre Eier am Grund der Gewässer besondere Nester, Miniaturkopien der Nester der Forellenbarsche, Sonnenbarsche oder Zander. Sie schlagen mit den Flossen und dem Bauch eine Mulde und entfernen den Schlamm, bis der saubere Sand frei wird. Manchmal begnügen sie sich allerdings damit, nur den Schlamm um die Wurzeln der Wasserpflanzen zu entfernen. Diese „Arbeit“ nimmt häufig lange Zeit in Anspruch, manchmal auch mehrere Tage. In der Zeit, wenn das Weibchen das Nest baut, ist es sehr aggressiv und vertreibt auch Fische, die viel größer als es selbst sind. Wenn es mit dem Nest endlich zufrieden ist, stellt es sich darüber und befächelt es mit den Flossen. Jetzt erst ist es zum Laichen bereit und verliert vorübergehend seine Aggressivität. Eines der Männchen nähert sich dem Weibchen und schmiegt sich direkt über dem Nest an das Weibchen. Nach einem Weilchen fangen beide Fische an zu zittern, und das Ablaichen erfolgt.

Nach dem Laichen verlieren die Männchen ihre dunkle Färbung, die Weibchen jedoch nehmen eine noch intensivere Färbung an und werden wieder aggressiv. Sie bewachen die Eier, schwimmen ständig über dem Nest und befächeln es mit raschen Bewegungen der Brustflossen, damit es nicht von Schlamm verlegt wird. Das Weibchen hütet das Nest in der Regel etwa 10 Tage lang, bis die Brut aus den Eiern schlüpft.

DIE HOCHZEITSREISEN DER LACHSE UND AALE

Wenn Fische zur gleichen Zeit in riesigen Schwärmen dem gleichen Ziel zuschwimmen, spricht man von *Fischzügen* ebenso, wie analog vom Zug der Vögel gesprochen wird.

Für den Fischzug gibt es drei Gründe: entweder Nahrungssuche, wie dies beispielsweise von den Heringen, den Sardinen, den Makrelen, Dorschen, Thunfischen und anderen Meeresarten bekannt ist, oder die Hochzeitsreise, wie dies bei den Lachsen, Aalen, manchen Maränen und Neunaugen der Fall ist, und schließlich der Trieb, für die Überwinterung bestgeeignete Stellen zu erreichen. Für letztgenannte Züge sind manche karpfenartigen Fische bekannt, die im Spätherbst in die unteren tiefen Flußabschnitte ziehen, um dort in der Tiefe die ungünstige Jahreszeit zu überstehen.

Als *anadrom* werden Fische bezeichnet, die zum Laichen aus dem Meer in süße Gewässer ziehen, zum Beispiel das Meerneunauge und die Lachse. *Kathadrome* Fische ziehen zum Laichen in umgekehrter Richtung aus den süßen Binnengewässern ins Meer, zum Beispiel der Aal. Und weil diese Züge Jahrhunderte lang zu den größten Geheimnissen der zoologischen Wissenschaft gehörten, wollen wir sie hier etwas eingehender behandeln.

Der Lachs *(Salmo salar)* bewohnt ständig den Atlantischen Ozean. In der Laichzeit unternimmt er jedoch weite Züge durch das Meer an die Flußmündungen und flußaufwärts bis an die Stellen, wo er vor Jahren geboren wurde. Auf dem Weg zu den Laichplätzen bildet sich bei den Männchen ein kräftiger, knorpeliger Fortsatz an der Unterkieferspitze (Hakenlachs). Während des ganzen Zuges nehmen sie keinerlei Nahrung auf und überwinden starke Stromschnellen, springen über Wasserfälle und Wehre. In den Oberläufen der Flüsse und Wildbäche, wo die Strömung stark ist, bereiten sie im sandigen oder kiesigen

Grund tiefe, bis 2 m lange Gruben vor — die Laichplätze, in die die Rogner die Eier ausstoßen, die von den Milchnern dann befruchtet werden. Die Eier bedecken die Lachse mit Sand und Geröll. Nach dem Laichen geht ein Teil der Lachse durch Entkräftung zugrunde, die meisten kehren jedoch nach längerer oder kürzerer Zeit ins Meer zurück, um im nächsten Jahr ihre Hochzeitsreise zu wiederholen. Die Lachsbrut, die aus den Eiern schlüpft, bleibt zwei oder drei Jahre im Süßwasser; danach wandert sie langsam mit der Strömung der Flüsse ins Meer.

Im Süßwasser ernähren sich die jungen Lachse von verschiedenen wirbellosen Lebewesen, im Meer ausschließlich von Fischen. Im Laufe von einem oder zwei bis drei Jahren Aufenthalt im Meer wachsen sie merklich und sammeln in den Muskeln große Fettvorräte an; darin sind Stoffe enthalten, die an der bekannten roten Färbung erkennbar sind. Wenn sie erwachsen werden, ziehen sie wieder die Flüsse hinauf bis an die Laichstellen.

In den meisten Flüssen Europas, zum Beispiel in der Elbe, im Rhein oder in der Weser, gab es noch Ende des vorigen und zu Beginn dieses Jahrhunderts sehr viele Lachse. Heute kommen in diesen Flüssen keine Lachse mehr vor. Hohe Wehre, Stauwerke, die Talsperren und die Verschmutzung des Wassers haben sie nicht nur völlig am Laichen gehindert, sondern es ihnen auch unmöglich gemacht, zu den Laichplätzen zu gelangen. Häufig kommt der Lachs noch in den nördlichen Flüssen Norwegens und Schwedens, die in die Ostsee münden, vor, ferner in Schottland und Irland, auf Island und an der Westküste Grönlands.

Erst in den letzten Jahren hat sich das Rätsel gelöst, warum die Lachse sicher ihren Geburtsfluß finden; wovon sie sich leiten lassen, daß sie sich nicht irren und zum Laichen nicht in einen anderen Fluß aufsteigen. Daß sie wirklich nur an den Stellen laichen, wo sie geboren wurden, konnte anhand markierter Fische einwandfrei nachgewiesen werden.

Die Lachse verfügen über die ganz besonders stark entwickelte Fähigkeit, die Güte des Wassers nach Geschmack und Geruch zu unterscheiden bzw. zu erkennen. Ihr Geburtsfluß besitzt für sie einen ganz typischen und individuellen Geschmack und Geruch. Die chemische Zusammensetzung des Wassers leitet sie also nicht allein auf ihrer langen Reise flußaufwärts, sondern auch während des Zugs durch das Meer. Lachse, bei denen die Tätigkeit der Geruchs- und Geschmacksorgane ausgeschaltet wurde, so daß sie ihren Fluß weder schmecken noch riechen konnten, irrten ratlos an der Küste entlang und schwammen schließlich in irgendeinen Fluß, um dort zu laichen. Die anderen Lachse fanden ihren Geburtsort rasch und unfehlbar. Bei anderen Versuchen mit Lachsbrut wurden den Zuchtteichen bestimmte Chemikalien zugesetzt. Zur Zeit des Zuges konnten diese Lachse dann chemisch aus dem Meer in einen beliebigen Fluß „gerufen" werden.

Ähnliche Züge wie die Lachse aus dem Meer in süße Gewässer unternehmen alljährlich auch die Wanderarten der Neunaugen, zum Beispiel das Meerneunauge, das in den Frühjahrsmonaten, im März und April, die Flüsse hinaufsteigt. Bei der Überwindung starker Strömungen, Wehre oder Stromschnellen helfen sich diese Tiere in der Weise, daß sie sich an Steinen ansaugen und sich im Lauf eines anstrengenden Aufstieges stets kurze Zeit ausruhen. Häufig wandert das Neunauge flußaufwärts an andere Zugfische, zum Beispiel an Meerforellen und Lachse, manchmal auch an den Rumpf eines Schiffes angesaugt. Die Meerneunaugen laichen in kleinen Gruppen in den Oberläufen der Flüsse im Mai, Juni und Juli. Die erwachsenen Neunaugen, deren Verdauungsorgane während des Aufstiegs in den Flüssen degenerieren, können keine Nahrung mehr aufnehmen und sterben nach dem Laichen ab. Ihre Larven, die *Querder,* leben etwa vier Jahre lang im Süßwasser und werden hier auch geschlechtsreif; im Meer leben sie viel länger und schmarotzen an den verschiedensten Meerfischen.

Ein anderer bekannter Wanderfisch, der jedoch zum Laichen aus dem süßen Wasser ins Meer zieht, ist der Aal.

Bis zum Beginn des 20. Jahrhunderts war die Biologie des Aals in den Binnengewässern ziemlich eingehend erforscht; keine der bekannten Tatsachen führte jedoch zu einer Klärung des Rätsels, das die Hochzeitsreise der Aale und ihre Fortpflanzung umgibt. Man wußte lediglich, daß Jahr für Jahr in jedem Herbst riesige Schwärme erwachsener Aale mit der Strömung der Flüsse ins Meer ziehen, aber niemand hatte je beobachtet, daß die erwachsenen Fische aus dem Meer ins Süßwasser zurückkehren. Dafür erschienen mit jedem Jahr im Frühling an den europäischen und nordamerikanischen Küsten in der Nähe der Flußmündungen Milliarden winziger junger Aale von etwa 7 bis 10 cm Länge, die als Aalmontée (Steigaal) bezeichnet werden. Es waren so viele, daß der Fang zu einem wichtigen Zweig der Küstenfischerei wurde. Bis zum heutigen Tag werden riesige Mengen Steigaale alljährlich in die Teiche und Flüsse des europäischen Binnenlandes ausgesetzt.

Ende des vorigen Jahrhunderts wurde festgestellt, daß die als Aalmontée bezeichneten kleinen Aale schon relativ stark entwickelte und ziemlich alte Lebewesen sind. Im Mittelmeer entdeckten Naturwissenschaftler noch jüngere Aalstadien, die in manchen äußeren Merkmalen dem Aalmontée ähnelten, in anderen jedoch an die winzigen Meeresbewohner erinnern, die als *Leptocephali* bezeichnet werden, als eine selbständige Art angesehen wurden und nur weit draußen im offenen Meer vorkamen. Die Wissenschaftler wußten nicht, daß *Leptocephalus* eigentlich das jüngste Stadium unseres Aals ist.

Wo die Aale jedoch geboren werden, blieb noch immer ein Geheimnis. Im Jahr 1905 begann deshalb eine systematische Beobachtung aller Lebensetappen des Aals. Mehrere Jahre lang war ein ganzes Wissenschaftlerteam unter der Leitung des dänischen Biologen und Ozeanographen, Dr. Schmidt, auf Hochseeschiffen an der Arbeit, bis es endlich feststellte, daß das jüngste Entwicklungsstadium des Aals, die kleinsten Leptocephali, im Atlantischen Ozean, südöstlich der Bermuden in der Sargasso-See vorkommen. Dieses Meer ist etwa so groß wie die USA und ist voll von langen und starken Meeralgen (Sargassum). Es war offenkundig, daß der Laichplatz der Aale irgendwo in diesem Gebiet liegt.

Alle erwachsenen Aale sterben in den Tiefen der Sargasso-See kurz nach dem Laichen ab. Die kleinen Aallarven, die in Tiefen um 1000 m die Hülle der Eier verließen, trägt der warme Golfstrom in Richtung zum europäischen Festland fort. Diese Wanderung dauert volle drei Jahre. Erst jetzt verwandeln sich die kleinen, durchsichtigen Leptocephali in winzige Aale, in Aalmontée, die nun aus eigenen Kräften gegen die Meeresströmungen und flußaufwärts schwimmen können.

Die Aalmännchen leben auch weiterhin in gemischtem Süß- und Salzwasser (Brackwasser) an den Flußmündungen, die Weibchen aber wandern flußaufwärts ins Binnenland. Dies ist ein sehr langwieriges und anstrengendes Unterfangen; sie müssen große Hindernisse und reißende Strömungen überwinden, doch dabei wachsen sie erstaunlicherweise rascher als die kleinen Männchen. In den Binnenlandgewässern bleiben die Weibchen eine Reihe von Jahren. Wenn sie ausgewachsen sind, kehren sie ins Meer zurück. An den Flußmündungen schließen sich die Männchen den Weibchen an, und gemeinsam ziehen sie unbeirrbar in die Sargasso-See, wo sie vor vielen Jahren als winzige, durchsichtige, weidenblattförmige Leptocephali den Eiern entschlüpften. Und dies ist alles, was wir bisher über ihre Reise mit Gewißheit in Erfahrung bringen konnten.

Die amerikanischen Aale, deren Geburtsort westlich von dem der europäischen Aale liegt, legen auf ihrem Zug eine viel kürzere Entfernung zurück und wachsen auch schneller als die europäischen Aale. Schon im Herbst des ersten Lebensjahres erreichen sie die Küsten Nordamerikas, und im nächsten Frühjahr ziehen die Weibchen flußaufwärts. Von diesem Augenblick an verläuft ihr Leben genauso wie das der europäischen Aale.

DIE FISCHBRUT

Wenn die winzige Fischbrut aus den Eiern, dem Rogen, rollt, ähnelt sie kaum dem erwachsenen Fisch. Das sogenannte Larvenstadium, d.h. die frisch aus dem Ei geschlüpfte Fischbrut, ist meistens glasartig durchsichtig, nur wenige Millimeter lang und an der Bauchseite mit einem großen Dottersack versehen. Aus diesem Dottersack erhält sie in den ersten Tagen Nahrung und muß also nicht gleich danach suchen. Am Kopf hat das Fischjunge häufig eine besondere klebrige Drüse, die es ihm ermöglicht, sich fest an Wasserpflanzen, Steine oder andere im Wasser befindliche Gegenstände anzukleben. In den ersten Tagen hängen die kleinen Fische gewöhnlich an Pflanzen oder liegen auf dem Grund, und erst wenn der Dottersack aufgezehrt ist, was manchmal nur wenige Tage dauert, bei manchen Fischen aber auch 2 bis 3 Wochen oder länger, beginnen sie frei umherzuschwimmen und erste Nahrung zu jagen: kleinste wirbellose Lebewesen, die im Wasser schweben und als tierisches Plankton bezeichnet werden. Dabei handelt es sich in erster Linie um kleine Wasserkrustentiere, zum Beispiel frühe Entwicklungsstadien der Wasserflöhe und Hüpferlinge, kleinste Rädertierchen und die jüngsten Larven von Wasserinsekten. Erst, wenn der Dottersack ganz aufgezehrt ist, bekommen die kleinen Fische das Aussehen von erwachsenen Fischen. Die Fischbrut hat nach dem Schlüpfen relativ gut entwickelte Brustflossen; dann beginnt sich der ursprünglich zusammenhängende Flossensaum in die einzelnen ungleichpaarigen Flossen zu teilen, die Bauchflossen wachsen; die kleinen Fische bekommen Mäuler, und ihr Körper beginnt sich mit Schuppen zu bedecken. Nun wachsen sie schon schnell, und manchmal werden sie am Ende des ersten, häufiger aber erst im zweiten, dritten oder einem noch späteren Jahr geschlechtsreif und begründen die nächste Generation ihrer Art. Interessant ist, daß die Männchen in der Regel früher erwachsen werden als die Weibchen.

Im frühesten Lebensabschnitt hat die Fischbrut sehr viele Feinde. Nicht nur die größeren räuberischen Wasserinsekten und andere wirbellose Wassertiere fallen sie an, sondern auch alle größeren Fische, ja selbst die eigenen Eltern. Zu den größten Feinden der kleinen karpfenartigen Fische gehören die Jungen der Raubfische, die gewöhnlich einige Wochen früher aus den Eiern geschlüpft und in der Laichzeit der karpfenartigen Fische bereits den Kinderschuhen entwachsen sind.

Damit wenigstens ein Teil der kleinen Fische die ersten und gefährlichsten Lebenstage übersteht, geht die Natur im Fall der Fische mit der Nachkommenschaft sehr verschwenderisch um. Der Karpfen hat meist bis zu einer Million Eier, manche Fische sogar noch viel mehr. Der fruchtbarste Süßwasserfisch ist der riesige Hausen — ein großer Rogner stößt auf einmal bis 5 Millionen Eier aus.

Das Larvenstadium mancher Fische ist in der Form mitunter von den erwachsenen Fischen so verschieden, daß die Larven lange Zeit als selbständige Arten von Lebewesen angesehen wurden. Von einem dieser Fische, dem Aal, wurde bereits gesprochen. Auch die Larven der schmarotzenden Neunaugen, die als Querder bezeichnet werden, sind, wie sich bei sorgfältigem Studium zeigt, ganz anders gestaltet wie die erwachsenen Neunaugen. Sie haben zwar ebenfalls einen schlangenartigen Körper, es fehlt ihnen jedoch am vorderen Körperende das Saugorgan, und sie sind völlig blind. Ihr Maul säumen fleischige Lippen. Auch in der Lebensweise unterscheiden sie sich stark von den erwachsenen Neunaugen; sie leben im Schlamm der Bäche und Flüsse und ernähren sich von organischen Resten und von Kieselalgen. Bemerkenswert ist der Umstand, daß bei manchen Neunaugenarten die Larven viel größer sind als die erwachsenen Tiere.

Interessant ist die Entwicklung der Flundern. Die frisch aus den Eiern geschlüpften kleinen Flundern sind ganz symmetrische Lebewesen, die an die Brut anderer Fischar-

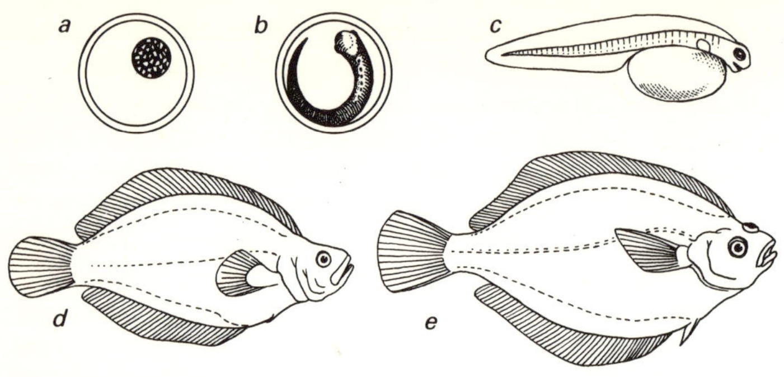

Abb. VI. Entwicklung der Flunder
a) Ei b) Ei mit Keim c) Dottersackbrut d) junger, noch symmetrischer Fisch e) Jungfisch im Stadium der beginnenden Asymmetrie

ten erinnern. Sie sind relativ hoch, haben einen langen Flossensaum, einen ziemlich großen Dottersack, und ihre Augen befinden sich ebenso wie die Augen aller anderen Fische an den beiden Seiten des Kopfes. Sie schwimmen genauso wie andere Fischbrut durchs Wasser. Erst nach mehreren Wochen beginnen sich die Lebensweise und das Äußere der kleinen Flundern auffallend zu verändern. Immer häufiger wenden sie sich auf eine Körperseite, und später schwimmen sie nur noch auf einer Seite. In dieser Zeit verlassen sie die oberen Wasserschichten und ziehen sich auf den Grund zurück. Auf dem Grund halten sie sich von nun an ständig auf. Gleichzeitig mit der Wandlung in der Lebensweise verändert sich langsam auch ihr Körper. Das ursprünglich symmetrische Schädelskelett wächst nun ungleichmäßig, das eine der beiden Augen verschiebt sich auf die andere Seite des Kopfes, und schließlich liegen beide Augen auf der dem Grund abgewendeten Kopfseite, die nun endgültig die Oberseite bildet. Diese ganze Seite des Fisches ist dunkel, während die Seite ohne Augen weiß gefärbt ist.

Eine wichtige Fähigkeit aller Flundern und ihrer Verwandten, z.B. der Schollen und der Seezungen, besteht in der Farbwandlung. Die Farbe der Oberseite können sie rasch und vollständig der Umgebungsfarbe anpassen, so daß sie mit dem umliegenden Grund farblich ganz verschmelzen. Sie können mit ihrer Körperfarbe jedoch nicht nur eintönige Farben, wie das Grau, Schwarz, Gelb oder Braun ihrer Umgebung nachahmen, sondern sich auch einer verschiedenfarbigen Umgebung anpassen. Eine ähnliche Fähigkeit der Farbenänderung, allerdings in geringerem Maß, besitzen auch manche mitteleuropäischen Fische. Das berüchtigte Chamäleon der Gebirgsgewässer ist die Forelle. Über einem sandigen, gelben Grund ist die Farbe ihres Rückens hell, über dunklen Steinen am Grund eines Tümpels nahezu schwarz.

Die Brut der meisten mitteleuropäischen Fische hält sich in den ersten Lebenstagen hauptsächlich an seichten Stellen in Ufernähe auf, wo das Wasser von der Sonne erwärmt und ausreichend geeignete Nahrung vorhanden ist. An diesen Stellen ist die Brut auch nicht ernstlich durch große Raubfische bedroht. Bei der Brut der Raubfische, zum Beispiel den jungen Hechten, ist früh Kannibalismus zu beobachten. Es kommt häufig vor, daß ein etwas größeres Hechtkind seine kleineren Geschwister überfällt und verschlingt. Manchmal überschätzt der kleine Hecht die Beute und überfällt einen so großen Fisch, daß er ihn nicht verschlingen kann. In einem solchen Fall geht gewöhnlich sowohl der Jäger als auch seine Beute zugrunde. Derartige Fälle konnten wir auch bei anderen Raubfischjungen beobachten, bei Forellen und Zandern.

LEBENS- UND ERNÄHRUNGSWEISE DER FISCHE

Die meisten Fische sind Fleischfresser; das heißt allerdings nicht, daß alle Fische nur andere Fische oder ähnliche große lebende Beute jagen. Die Hauptnahrung der Fische bilden verschiedene am Grund oder im Wasser lebende Organismen, Insektenlarven, Weichtiere und kleine Plankton-Krustentiere.

Typische *Benthophagen,* d.h. Fische, die sich von am Grund vorhandener Nahrung ernähren, sind die Karpfen. Wenn man auf einem Teich in die Mitte eines Schwarms solcher 2-kg-Schupper gerät, kann man beobachten, wie sich die Karpfen ernähren. Hin und wieder bleibt einer von ihnen im Wasser stehen, stellt sich schräg auf den Kopf und schnüffelt am Grund.

Dann spitzt er die fleischigen Lippen und saugt mit deutlichem Schmatzen das Wasser mit dem Schlamm ein, bis eine Schlammwolke aufgewirbelt wird. Nun bewegt er sich ein wenig nach rückwärts, stellt sich in seine normale Lage und öffnet nach einer Weile das Maul, um eine Wolke aus feinem Schlamm und zerkauten Pflanzen auszuspucken. Und man kann sehen, wie seine Schlundzähne arbeiten, wenn er ein Wasserweichtier, eine harte Insektenlarve oder etwas anderes Freßbares zermalmt.

An warmen Sommertagen trifft man manchmal auf einen ganzen Schwarm von Karpfen, die unter der Wasseroberfläche langsam und ruhig dahinschwimmen und scheinbar nur ruhig atmen. Hin und wieder beginnt einer von ihnen gleichsam zu kauen. Beim Atmen halten die Karpfen das Plankton an den Kiemenreusen zurück, die die Kiemenbögen an der Vorderseite dicht bedecken. Wenn der Karpfen fühlt, daß an seinen Kiemenstäbchen genug Plankton hängengeblieben ist, verschluckt er es.

Wenn man in einem Fluß irgendwo unter angeschwemmten Zweigen oder einem überhängenden Ufer einen Schwarm großer Barben antrifft und sich ihnen ganz behutsam nähert, ohne sie aufzustören, kann man sie gewissermaßen am Bauch kitzeln. Erst wenn man den Fisch etwas fester drückt, schlägt er mit dem Schwanz, um ein Stückchen weiter zu schwimmen und wiederum unbeweglich stehenzubleiben, den Kopf gegen die Strömung gerichtet. Interessant ist es, Barben zu beobachten, die am Grund nach Nahrung suchen. Sie rollen dabei mit ihren fleischigen Nasen relativ große Steine beiseite und lassen sich die kleinen Wassertiere schmecken, die sich darunter verbergen. Dabei wirbeln sie ganze Wolken aus feinem Schlamm auf, den die Strömung fortträgt und der andere Fischarten anlockt, zum Beispiel Döbel, Gründlinge, Strömer und Barsche.

Von *Plankton* leben viele Süßwasserfische. Alle Arten, die ausgesprochene Planktonfresser sind, zum Beispiel viele Maränen, haben sehr dichte und lange Kiemenreusen, die wirklich ein feines Sieb bilden, an dem auch die kleinsten Wasserorganismen hängenbleiben.

Manche Fische fressen gern Insekten, die auf die Wasseroberfläche fallen (Anfluginsekten). Am besten läßt sich dies bei den Forellen in Gebirgsbächen beobachten. Wenn die Eintagsfliegen oder Köcherfliegen schwärmen, suchen die Forellen kaum nach anderer Nahrung. Die Fische stehen in der Strömung dicht unter der Wasseroberfläche, und in dem Augenblick, wenn der Körper eines Insekts das Wasser berührt, springen sie mit weit geöffnetem Maul über das Wasser, um es zu schnappen.

Insekten auf der Wasseroberfläche jagen auch Äschen, Döbel, Alande, Strömer, Ukeleie und Rapfen. Jeder dieser Fische bemächtigt sich der Beute auf seine Art. Äschen, Strömer oder Ukeleie ziehen das Insekt in der Regel unter das Wasser und fressen es erst dort. Döbel und Alande schlürfen das schwimmende Insekt von der Oberfläche ein, Rapfen, Forellen und Regenbogenforellen schnappen nach ihm.

Ganz anders jagen die großen Raubfische unter dem Wasser, zum Beispiel die Hechte, die sich von größerer

Beute ernähren. Völlig unbeweglich lauern sie im Pflanzenbewuchs verborgen, unter schwimmenden entwurzelten Bäumen oder im tiefen Schatten des Ufers bzw. eines Bootes. Wenn sich ein kleiner Fisch nähert, dreht sich der Hecht im Wasser langsam, fast unmerklich auf der Stelle, um die Beute nicht aus den Augen zu verlieren. Dann eine blitzschnelle Bewegung – und der Hecht ist verschwunden. Man entdeckt ihn wieder ein Stück weiter weg, wenn er seine Beute bereits geschnappt hat. Unmittelbar bevor der Hecht seine Beute erreicht, reißt er sein gezahntes Maul weit auf, so daß die Wasserströmung unbehindert durch die Kiemen fließen kann. Gewöhnlich packt er den kleinen Fisch quer; nur selten gelingt es, ihn mit dem Kopf zuerst zu fassen. Dann steht der Hecht gewöhnlich ein paar Augenblicke ruhig da und beginnt erst danach, den erbeuteten Fisch mit raschen kurzen Bewegungen der starken Kiefern zu zerdrücken. Der gefangene Fisch schlägt natürlich zunächst um sich und versucht zu entkommen, aber bald wird er völlig regungslos. Erst jetzt legt sich der Hecht seine Beute im Maul so zurecht, daß der Kopf des Fisches in seinen Schlund gerichtet ist. Wenn der Hecht einen großen Fisch überfällt, dauert es manchmal sehr lange, bis er ihn verschluckt hat.

Während der Hecht ein Einzelgänger ist, der stets auf eigene Faust jagt, sind andere Raubfische gesellig. Zander und Barsche, vor allem die jüngeren, verfolgen die Beute im Schwarm. Nur große, alte Fische jagen einzeln etwa wie der Hecht. Kleinere Barsche und Zander überfallen sorglos dahinschwimmendes „Kleinzeug", stoßen aus den Tiefen in einer Gruppe hervor. Es kommt häufig vor, daß sich jagende Fische in der Hitze des Gefechts fast bis aufs trockene Land begeben und sich dann nur mit großer Mühe in die sicheren Tiefen retten können. Während die Barsche eher an der Oberfläche jagen, bevorzugen die Zander das tiefere Wasser. Auch hier treten die Fische in einer Schwarmlinie auf; ich konnte sogar mehrmals beobachten, wie sie Schwärme kleiner Fische einander zutrieben.

Die Nahrung größerer Forellen besteht häufig ebenfalls aus Fischen; so wie die anderen Raubfische verschonen sie auch die kleinen Fische ihrer eigenen Art nicht. Eine beliebte Nahrung der Forellen bilden Elritzen und Groppen. Eine Elritze zu fangen, bedeutet für die Forelle kein Problem. Mit einer Groppe ist es schon schwieriger. Die Groppen verstecken sich mit Vorliebe unter Steinen in sehr engen Spalten, in die die Forelle nicht schwimmen kann; doch sie versteht es, geduldig auf der Lauer zu liegen. Wenn die Groppe ihr sicheres Versteck verläßt, wird sie von der lauernden Forelle überfallen, so bald sie ihre charakteristischen Sprünge auf dem Grund aufgenommen hat.

Ungestüme Jäger der kleineren Fische sind Rapfen und Döbel, die vor allem in den oberen Wasserschichten jagen. Ihre Beute bilden Ukeleie, kleine Plötzen und Rotfedern. Rapfen und Döbel fallen wie Pfeile in einen Fischschwarm ein, daß das Wasser aufspritzt. Es sind Schlinger — in dem Augenblick, in dem sie einen kleinen Fisch packen, verschwindet er auch schon in ihrem Rachen.

Zu den leidenschaftlichsten Jägern gehört der König der Donauzuflüsse im Gebirgsvorland und im Gebirge — der Huchen. Seine Lieblingsnahrung bilden größere Fische, die er häufig so ungestüm verfolgt, daß das Wasser Wellen schlägt wie bei einem Sturm. Der Huchen hat es besonders auf die silbrigglänzenden Nasen abgesehen. Ebenso geräuschvoll ist der Wels auf der Jagd. Er lebt zwar in tieferem Wasser, wo man ihn unter gestürzten Bäumen, unter überhängenden Felsen oder im Schatten eines großen Steins verborgen entdecken kann; bei Nacht kommt er jedoch in die oberen Wasserschichten, um Fische zu jagen. Einen jagenden Wels unter Wasser zu beobachten, hatte ich nur einmal Gelegenheit. Ich versuchte damals, unter der Wasseroberfläche eines großen verkrauteten Donauarmes Plötzen und Donaubrachsen zu fotografieren. Geduldig wartete ich regungslos auf dem Grund, bis sich die Fische nähern, als plötzlich aus dem Gestrüpp der Wasserpflanzen einem Ungeheuer gleich ein riesiger Wels aus der Tiefe auftauchte. Er stieß in den Schwarm der ahnungslosen Fische, und als er sich nahe der Oberfläche umwandte, daß das Wasser Wellen schlug, hielt er in seinem riesigen Maul bereits einen schönen Barsch, der im Nu in seinem Rachen verschwand. Im nächsten Augenblick war der große Raubfisch wieder in der Tiefe verschwunden. Das war der einzige Fall, daß ich bei Tag einen jagenden Wels in der freien Natur beobachten konnte.

Manche Süßwasserfische leben ausschließlich von pflanzlicher Nahrung. Zu diesen Vegetarianern gehören beispielsweise größere Rotfedern. Die kleinsten Rotfedern leben zwar von tierischem Plankton; wenn sie jedoch eine Größe von etwa 7 cm erreichen, werden sie Vegetarianer und ernähren sich von Laichkraut, Süßgras und anderen weichen Wasserpflanzen. An Wasserpflanzen tut sich auch der Karpfen gern gütlich. In den Vorgebirgszuflüssen der Donau kann man häufig die silbrig aufblitzenden Nasen sehen, die mit ihren scharfen Lippen den Algenbewuchs mit kleinen Lebewesen von unter dem Wasser befindlichen Steinen abkratzen.

Ein bekannter Pflanzenfresser, der in letzter Zeit auch nach Mittel- und Westeuropa gebracht wurde, ist der Graskarpfen oder Amurkarpfen. Er ist in China beheimatet und bewohnt das Amurgebiet in der Sowjetunion. In manchen Teichen wird er nun versuchsweise gehalten und mit Klee, Luzerne und anderen Wirtschaftspflanzen zusätzlich gefüttert. Aus den Teichen gelangt er mitunter auch in freie Gewässer. Es ist ein großer Fisch, der mehr als 30 kg schwer wird.

Abschließend ist zu sagen, daß die Fische ein Zwischenglied in der komplizierten Ernährungskette bilden, in die auch der Mensch eingefügt ist. Die Fragen der Nahrung und der Ernährung der Fische stehen somit in engem Zusammenhang mit den Fragen der Nahrung und der Ernährung der anderen Glieder dieser Kette. Für den Menschen bedeuten die Fische eine Quelle tierischer Eiweißstoffe, verschiedener Vitamine und Spurenelemente, die so wichtig sind, daß die Ernährung des Menschen ohne sie einfach unvorstellbar ist.

Das Studium der Nahrung und Ernährungsweise der Fische hängt natürlich nicht nur mit ihrer wirtschaftlichen Haltung und Zucht zusammen. Die meisten Sportfischer befassen sich mit Fragen der Fischnahrung in verschiedenen örtlichen und zeitlichen Zusammenhängen, denn ihre eingehende Kenntnis stellt eine grundlegende Bedingung für erfolgreiche Ausübung des Angelsports dar.

DIE BEDEUTUNG DER SÜSSWASSERFISCHE FÜR DEN MENSCHEN

Die Bedeutung der Süßwasserfische für die Ernährung der Menschheit ist zwar unvergleichlich kleiner als die der Seefische, aber dennoch nicht ohne Wichtigkeit. In den letzten Jahrzehnten wurden in den Meeren und Ozeanen etwa 40 Millionen Tonnen Seefische gefangen. Der weltweite durchschnittliche Jahresfang an Süßwasserfischen beträgt etwas mehr als ein Zehntel dieser Menge — ungefähr 5 Millionen Tonnen.

Durch intensiven Fischfang mit der Angel und in Netze werden die Fische ständig und in beträchtlicher Menge abgeschöpft, deshalb würde die natürliche Nachkommenschaft bei weitem nicht ausreichen. Aus diesem Grund müssen nicht nur die Teiche, sondern auch freie Gewässer, d. h. die Seen, Flüsse und Staubecken, fortlaufend und regelmäßig mit geeigneten Fischarten besetzt werden.

Schon seit dem Mittelalter werden Fische in Teichen, d.h. in künstlich angelegten, ablaßbaren und abfischbaren Wasserbehältern gehalten bzw. gezogen. Hauptzuchtobjekte in den Teichen sind Karpfen, Hechte, Zandern und Forellen, in den zurückliegenden Jahrzehnten stellenweise auch Welse und verschiedene Arten pflanzenfressender Fische aus dem Fernen Osten.

Ausreichenden Fischbesatz für Teiche und freie Gewässer erreichen die Teichwirte durch die künstliche oder halbkünstliche Zucht wirtschaftlich wertvoller Fische. Unter *halbkünstlicher Zucht* von Fischen ist das Aussetzen von Elternfischen in besondere flache Teiche mit dichtem Pflanzenbewuchs am Boden oder in Teiche mit härterem Boden zu verstehen, wo die Teichwirte für das Ablaichen mancher Fischarten besondere Nester anbringen. Wenn die Fische an den Pflanzen oder über den Nestern die Eier abgelegt haben, werden sie aus den Laichteichen heraus-

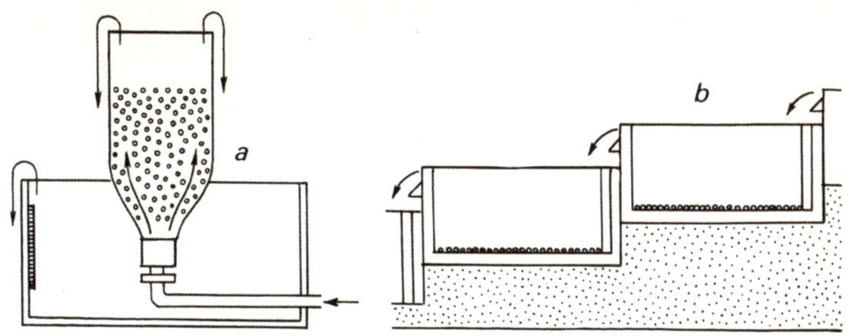

Abb. VII. Schema eines Brutapparates
a) Zugsche Flasche zum Erbrüten von Hechteiern
b) Kalifornische Apparate zum Erbrüten von Lachseiern

gefangen. Die aus den Eiern geschlüpfte Brut wird sodann in kleinere, flache, an Nährstoffen reiche Vorstreckteiche übergesetzt. Von dort werden die Jungfische in Brutstreckteiche ausgesetzt und sodann häufig schon im ersten Jahr, manchmal erst im zweiten Jahr als sogenannter Besatz (Satzfische) in größere Teiche, in Flüsse, Seen und Staubecken ausgesetzt. Nach diesem Verfahren züchten die Teichwirte Karpfen, Zandern und Welse. Während die Karpfen die Eier an weichen, frisch überschwemmten Wasserpflanzen ablegen, werden für die beiden letzteren Fischarten in die Laichteiche besonders vorbereitete Nester gelegt: für die Zander bestehen sie aus Riedgras oder Reisig, für die Welse aus Baumstümpfen oder abgeschnittenen vertrockneten Kronen von Obstbäumen, an denen feine Weidenwurzeln befestigt werden. An diesem Substrat legen nämlich die Fische die Eier mit Vorliebe ab.

Den Hecht, die Lachsfische und die Große Maräne züchten die Teichwirte *künstlich:* aus den geschlechtsreifen Fischen, die meistens kurz vor dem Laichen aus den freien Gewässern oder Teichen herausgefangen wurden, werden durch sanften Druck an die Bauchwände Milch und Rogen ausgestrichen. In besonderen Gefässen werden Rogen und Milch im geeigneten Verhältnis vermischt und in speziellen Geräten aufbewahrt, wo sich die Eier bei ständiger sorgfältiger Kontrolle weiter entwickeln und schließlich die Brut schlüpft.

Die Forellenzuchtanstalten sind mit Geräten und Vorrichtungen für das Erbrüten von Eiern der verschiedensten Typen ausgestattet. Am verbreitetsten sind Anlagen für unteren und kreisenden Wasserfluß. Beim ersteren Typ fließt das Wasser von unten durch ein Sieb, auf dem der Rogen liegt. Der Rogen wird gut durchgespült, und die Brut, die aus den Eiern schlüpft, wird von dem von unten fließenden Wasser gleichsam getragen, wodurch ihre mechanische Beschädigung verhindert wird. Wie schon die Bezeichnung des zweiten Gerättyps verrät, wird das Wasser darin in kreisende Bewegung versetzt, wobei es ständig durch die Eierschicht fließt.

Die Geräte, die zum Erbrüten der Eier der Lachsfische verwendet werden, eignen sich aber nicht für Hechteier, weil sich die Eier darin zusammenballen und von Schimmel befallen werden. Aus diesem Grund werden Hecht-, Äschen- und Maräneneier in Geräten erbrütet, wo das strömende Wasser die Eier ständig von unten etwas hebt, sie trennt und unabläßig bewegt. Dadurch wird ein Zusammenballen der Eier verhindert, bei dem sie leicht schimmeln und absterben würden. Das automatische Absondern abgestorbener Eier ist sehr einfach. Schimmelige und abgestorbene Eier sind spezifisch leichter als gesunde Eier, so daß sie vom Wasserstrom selbst aus dem Gerät geschwemmt werden. Die Apparate, die zum Erbrüten von Hechteiern verwendet werden, sind Glasgefäße, durch die das Wasser ständig von unten unter Druck fließt und im oberen Teil des Gefäßes in ein Blechgefäß überläuft, das am Abfluß mit einem dichten Netz versehen ist. Hier werden sowohl die abgeschwemmten abgestorbenen Eier als auch die geschlüpfte Brut abgefangen. Bei einem anderen Typ ähnlicher Apparate wird das Wasser zum Boden eines Glasgefäßes von oben durch ein Röhrchen zugeleitet und fließt dann durch eine Öffnung im oberen Teil des Apparates ab. Die Hechtbrut wird in Apparate mit unterem Wasserdurchfluß übergesetzt.

Durch künstliche und halbkünstliche Zucht hilft der Mensch der Natur nach und gibt ihr zurück, was ihr genommen wird. Beim kontrollierten halbkünstlichen oder künstlichen Ablaichen sind die Verluste, verglichen mit denen in der Natur, ganz gering. Während auf die abgelegten Eier und die Dottersackbrut in den freien Gewässern eine große Zahl von Feinden lauert und die Entwicklung der Eier und der Brut auch von vielen anderen Faktoren (Wassertemperatur, Schwanken des Wasserstandes, plötzliches Hochwasser) abhängig ist, sind die Resultate der halbkünstlichen und künstlichen Fischzucht nahezu hundertprozentig.

In die freien Gewässer werden die Fische entweder als Dottersackbrut, manchmal als Abwachsbrut, sogenannte Vorstreckbrut, oder als ein- oder zweisömmerige Satzfische eingesetzt. Es liegt auf der Hand, daß – wenn die Satzfische bereits größer sind – auch ihre Überlebenschancen erheblich günstiger sind.

TABELLE DER NAHRUNG DER SÜSSWASSERFISCHE

1 — kleine Fische der stehenden Gewässer
2 — kleine Fische der Gebirgsflüßchen
3 — kleine Fische der Flüsse der Niederungen
4 — kleine Fische der Wasserläufe des Gebirges und Vorgebirges
5 — Fische, die an der Oberfläche langsam fließender Gewässer leben
6 — Amphibien
7 — kleine Säugetiere
8 — die Jungen von Wasservögeln
9 — Fischeier 10 — Wasserschnecken 11 — Zuckmückenlarven
12 — Larven der Eintagsfliegen der Gebirgswässer
13 — erwachsene Eintagsfliegen der Gebirgswässer
14 — die Larven der Köcherfliegen der Gebirgswässer
15 — Larven der Steinfliegen 16 — erwachsene Steinfliegen
17 — Planktonlarven *(Chaoborus)*
18 — Köcherfliegenlarven der langsam fließenden Gewässer
19 — Eintagsfliegenlarven der langsam fließenden Gewässer
20, 23 — im Plankton enthaltene Krustentiere
21 — Krustentiere der Gebirgswässer (Süßwasserflohkrebse)
22 — winziges Phytoplankton 24 — Kieselalgen
25 — Libellen- und Wasserjungfernlarven
26 — Larven der blauen Libelle
27 bis 30 — weiche Wasserpflanzen

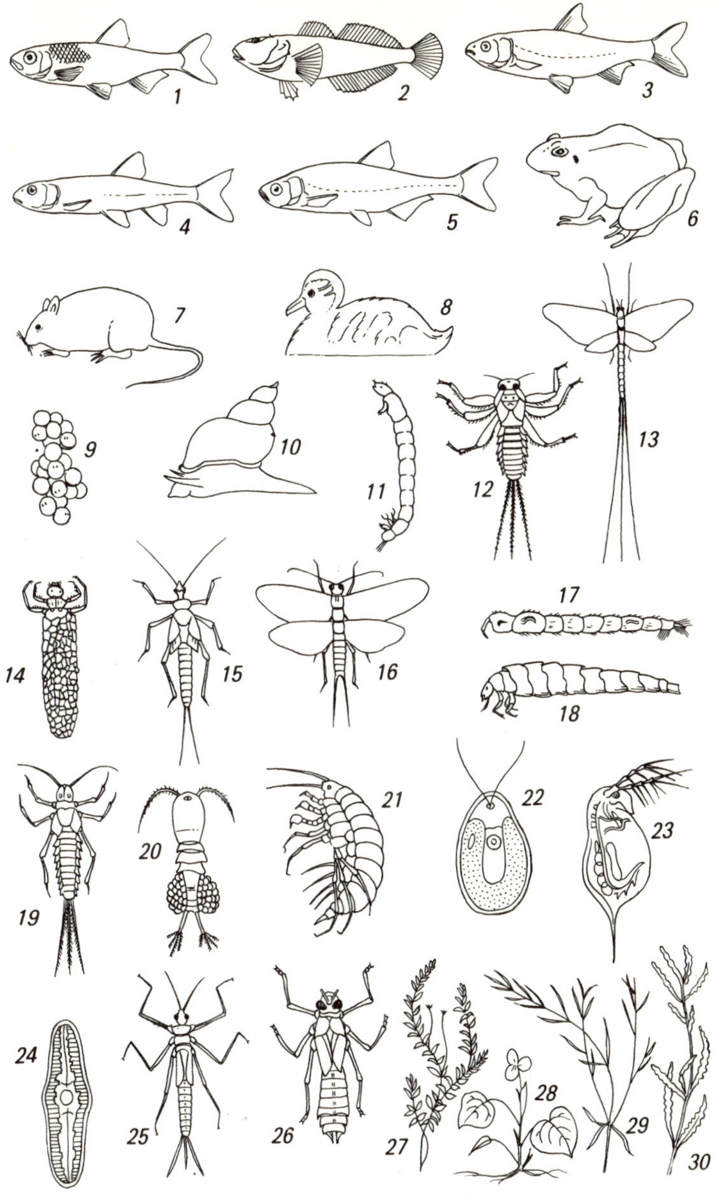
1
2
3
4
5
6
7
8
9
10
11
12
13
14
15
16
17
18
19
20
21
22
23
24
25
26
27
28
29
30

BILDTAFELN

Auf den Farbtafeln sind bei Arten mit auffallendem Geschlechtsdimorphismus die Männchen durch ♂, die Weibchen durch ♀ gekennzeichnet, weiter interessante Formen und wichtige Bestimmungsmerkmale dargestellt.

Die Randspalten enthalten Angaben über Länge und Gewicht der einzelnen Fische und ihre Merkmale.

Eine erklärende Zeichnung zu der üblichsten Nahrung findet man auf Seite 52 und 53.

Meerneunauge
Petromyzon marinus L.

Neunaugen
Petromyzonidae

Das Meerneunauge ist das größte Neunauge; die erwachsenen, häufig ein Meter langen Neunaugen ziehen im Frühjahr aus dem Meer in die Flüsse, wo man sie vom März bis zum Juni beobachten kann. Im Mai bis Juli versammeln sie sich in den seichteren Flußabschnitten mit steinigem Boden und mit relativ starker Strömung. Die Weibchen entfernen mit ihren Saugmäulern die Steine vom Grund und bereiten Nestgruben vor. Bei den erwachsenen Neunaugen verkümmern während des Zuges stromaufwärts die Verdauungsorgane, weshalb sie keine Nahrung aufnehmen und bald nach dem Laichen absterben. Die Larven der Neunaugen haben mit Haut bedeckte Augen und zahnlose Mäuler mit zwei Lippen. Sie leben ungefähr vier Jahre lang im Bodenschlamm süßer Gewässer bzw. Flußläufe, dann verwandeln sie sich in erwachsene Neunaugen und wandern ins Meer. Das Maul der erwachsenen Neunaugen bildet einen Trichter mit kleinen Hornzähnen und großer muskulöser Zunge, die wie ein Kolben arbeitet. Im Meer schmarotzen die Neunaugen an verschiedenen Fischen, deren Körpersäfte sie aussaugen und deren Muskelfleisch sie zermahlen, so daß an ihnen häufig tiefe kreisförmige Wunden zurückbleiben.

Die Grundfarbe des Körpers des Meerneunauges ist graugrün mit deutlicher schwarzer Marmorierung. Der Bauch ist weiß. Das Meerneunauge lebt an den europäischen Küsten von Skandinavien bis an die Ostküste Italiens, kommt aber nicht im Schwarzen Meer, selten in der Ostsee vor. Stellenweise wird es während der Wanderung in Reusen gefangen.

Länge:
maximal 100 cm
Gewicht:
maximal 1 kg
Merkmale:
typische Bezahnung des Maultrichters
Rückenflosse in zwei Teile geteilt
der hintere Teil ist mit der Schwanzflosse verbunden

1 Erwachsene Fische
2 Detail des kreisförmigen Mauls

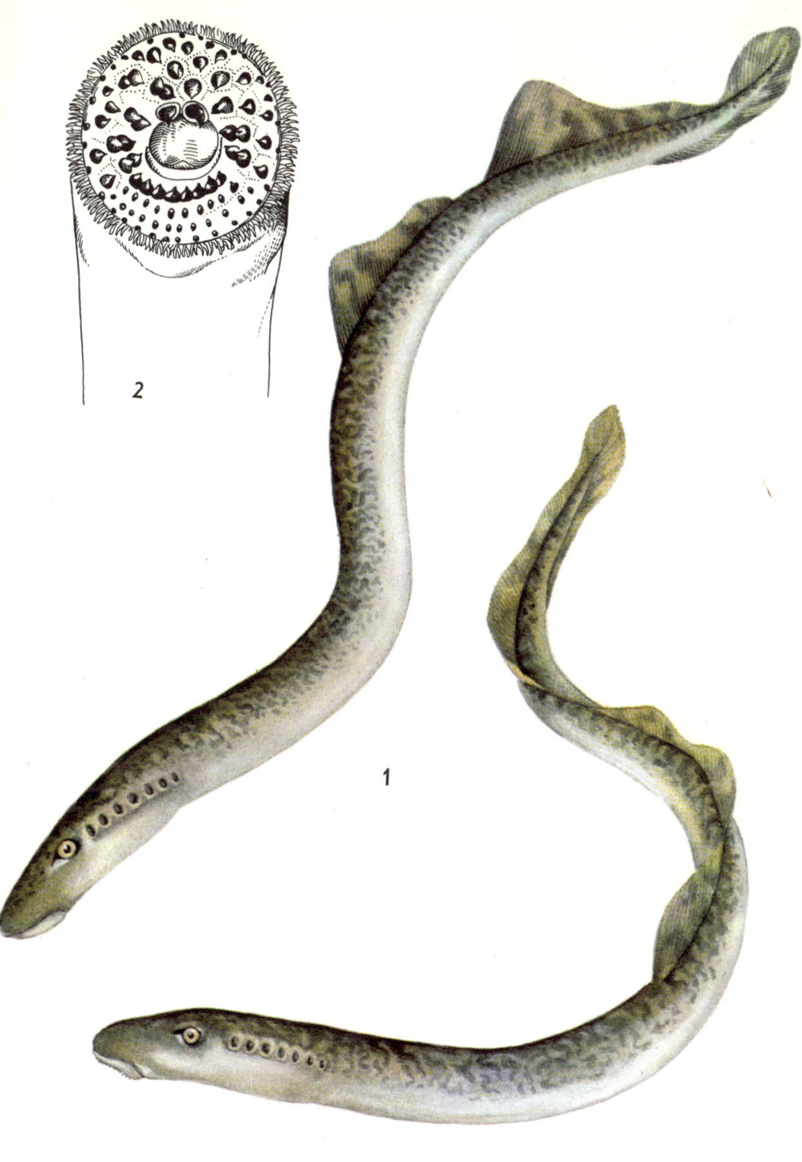
2
1

Flußneunauge

Lampetra fluviatilis (L.)

Neunaugen
Petromyzonidae

Das Flußneunauge ist etwa 40 cm lang mit dunkelblauem bis graugrünem Rücken, ebenso gefärbten Seiten und silbrig weißem Bauch. Es verläßt im September bis November das Meer und steigt die Flüsse hinauf bis hoch in die Oberläufe. Vom Februar bis Mai laicht es. Während der Wanderung bekommt es einen bronzefarbenen Schimmer, es nimmt keine Nahrung mehr auf und stirbt nach der Fortpflanzung ab. Das Larvenstadium dauert drei bis vier Jahre; die augenlosen Larven, die als Querder bezeichnet werden, haben kein Saugorgan und leben in Schlammanschwemmungen am Boden von Bächen mit ruhigen Buchten. Sie ernähren sich von zerfallenden organischen Stoffen. Wenn sie eine Länge von etwa 15 cm erreicht haben, verwandeln sie sich in die typischen Neunaugen mit Augen und charakteristischem Maultrichter. Im März ziehen sie mit der Flußströmung ins Meer. Häufig noch in demselben Jahr, in dem sie das Süßwasser verlassen haben, wandern sie zum Laichen. Sie schmarotzen an kleinen Meerfischen, zum Beispiel jungen Heringen.

Die Flußneunaugen kommen an den Küsten Europas von Südnorwegen bis Südeuropa, an den Küsten Großbritanniens und in der Ostsee häufig vor. Im Mittelmeer leben sie von Spanien bis Italien. Die Süßwasserform ist vom Ladoga- und Onegasee her bekannt. Stellenweise besitzt das Flußneunauge beträchtliche wirtschaftliche Bedeutung. Die Neunaugen werden beim Massenfischen hauptsächlich in den Flüssen gefangen, die in die Ostsee münden.

Länge:
maximal 40 cm
Gewicht:
maximal 350 g
Merkmale:
im Maultrichter große Hornzähne charakteristischer Anordnung
die beiden Teile der Rückenflossen sind miteinander verbunden

1 Erwachsener Fisch
2 Larve
3 Detail des kreisförmigen Mauls

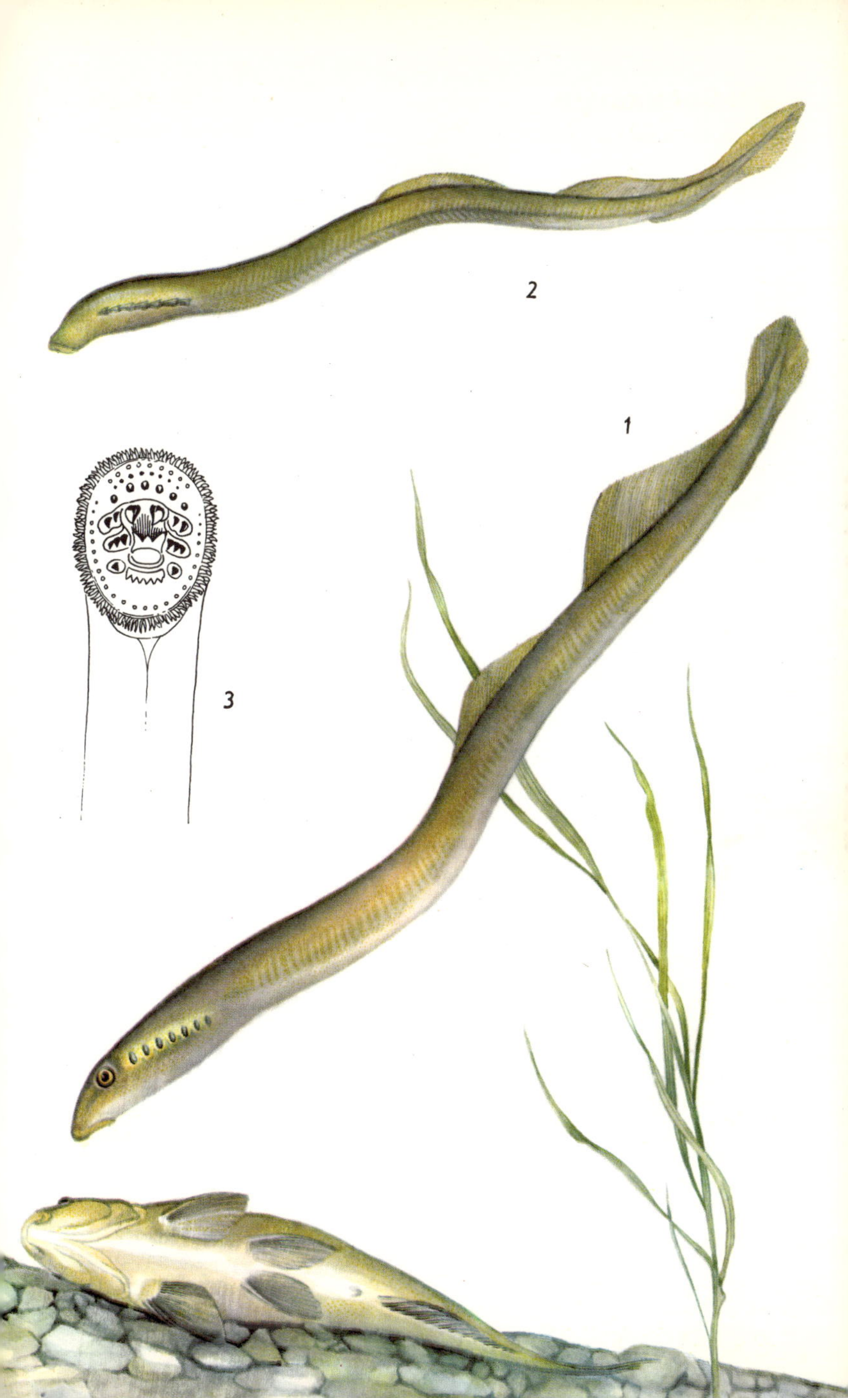
2
1
3

Donauneunauge
Eudontomyzon danfordi REGAN

Bachneunauge
Lampetra planeri (BLOCH)

Das Donauneunauge ist etwa 20 cm lang und lebt in größeren Flüssen. Seine Biologie ist ähnlich der des Bachneunauges, doch unterscheidet es sich vom Bachneunauge durch die Anordnung der Zähne im Maultrichter.

Nach der Fortpflanzung geht das erwachsene Neunauge zur schmarotzerischen Lebensweise über; es saugt sich an Fischen an, reißt mit seinen scharfen Zähnen die Haut an und ernährt sich von ihrem Blut und Fleisch. Nach der Fortpflanzung lebt es gewöhnlich noch zwei oder drei Jahre.

Das Donauneunauge bewohnt die Zuflüsse der Donau und die Flüsse, die südlich der Donau in das Schwarze Meer münden; es kommt jedoch in der Donau selbst nicht vor.

Das kleine, etwa 15 cm lange, nichtschmarotzende Süßwasser-Bachneunauge laicht vom Mai bis Juni in Gebirgsbächen. Beide Geschlechter schlagen beim Laichen im sandigen Grund längliche Gruben, in die die Weibchen die Eier ablegen. Das Männchen saugt sich am Weibchen fest, umschlingt es und besamt die Eier. Die Larve lebt vier bis fünf Jahre in humosen Sandanschwemmungen und ernährt sich von organischen Resten und Kieselalgen. Nach Umwandlung in das erwachsene Neunauge entwickelt sich das Saugorgan; der Verdauungstrakt verkümmert, und das Tier wird geschlechtsreif. Nach der Fortpflanzung sterben die erwachsenen Neunaugen ab.

Das Bachneunauge bewohnt die Flüsse, die in die Nord- und Ostsee münden, ferner die Flüsse Norditaliens und Albaniens.

Eudontomyzon danfordi
Länge: maximal 20 cm
Gewicht: maximal 100 g
Merkmale: charakteristische Anordnung der Hornzähne
ständiger Süßwasserbewohner

Lampetra planeri
Länge: maximal 15 cm
Gewicht: maximal 50 g
Merkmale: typische Anordnung der Hornzähne
beide Teile der Rückenflosse sind miteinander verbunden
kein Wanderfisch

1 *Eudontomyzon danfordi*
1a Detail des Maultrichters
2 *Lampetra planeri*
2a Detail des Maultrichters
3 Laichen des *L. planeri*

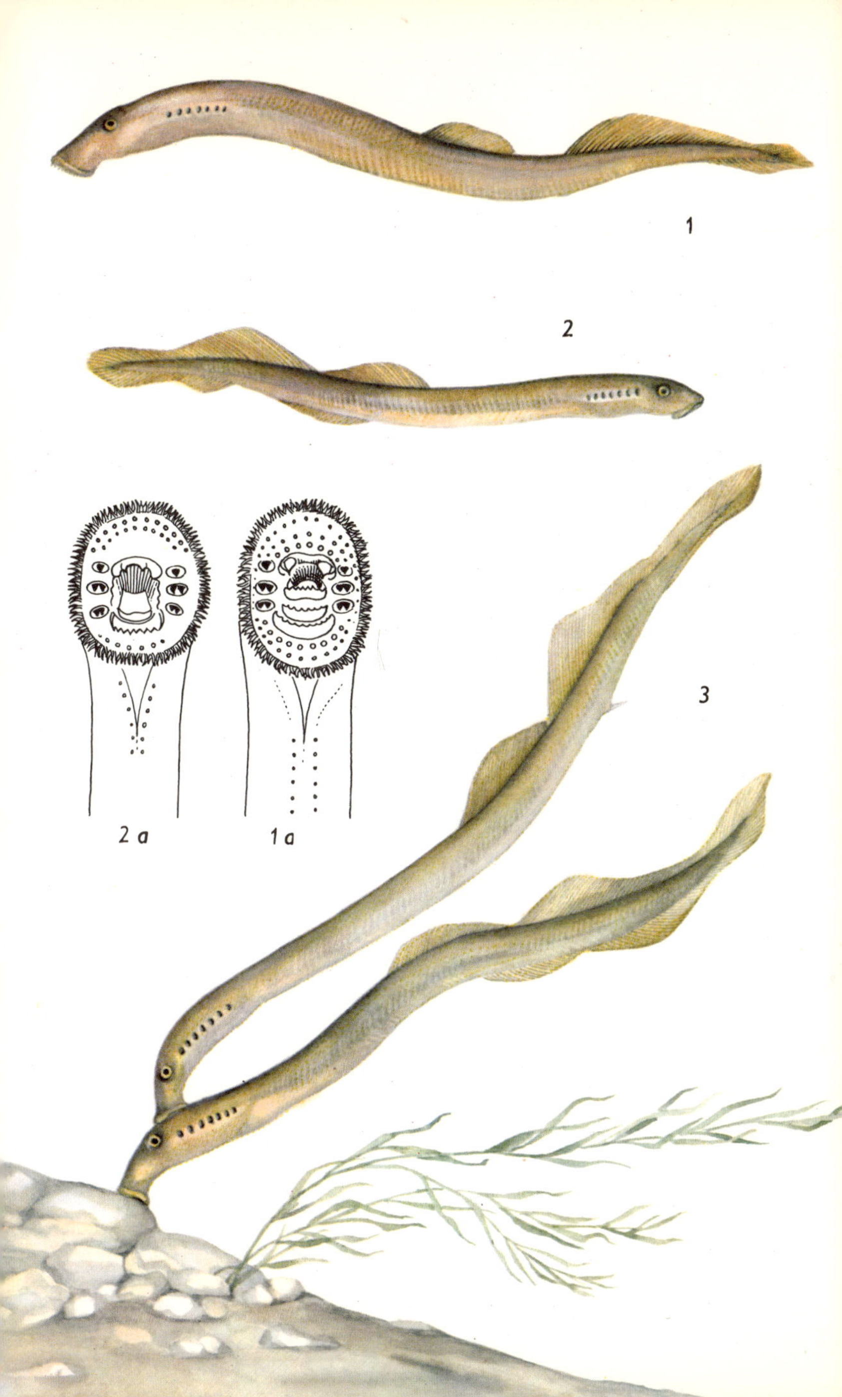
1
2
2 a
1 a
3

Stör

Acipenser sturio L.

Störefische

Acipenseridae

Der Stör ist ein großer, mehr als 300 kg schwerer Wanderfisch, der im April und Mai aus dem Meer in die Flüsse aufsteigt. An den Seiten hat der Stör etwa 30 Schilder, am Rükken 9 bis 13 Schilder. Er laicht im Juni und Juli in tiefen Gruben im Flußbett mit starker Strömung. Das Weibchen legt große Eiermengen — bis zwei und eine halbe Million. Die Eltern und die Brut halten sich in den süßen Binnengewässern nur kurze Zeit auf, sie ernähren sich von den verschiedenen wirbellosen Meertieren, wie Krustentiere, Würmer und Weichtiere. Größere Störe jagen auch am Grund lebende Fische.

Der Stör lebt entlang der Küsten ganz Europas vom Nordkap bis ans Schwarze Meer. Früher wanderte er den Rhein hinauf bis nach Basel, elbaufwärts bis in die Moldau nach Prag, die Oder hinauf bis über Breslau und die Weichsel aufwärts nach Krakau. Er bewohnt auch das Donaudelta und kommt selten auch höher in der Donau vor.

Seine wirtschaftliche Bedeutung in Europa ist heute gering, obwohl er Ende des vorigen Jahrhunderts in allen großen Flüssen sehr häufig war. Zu seinem Verschwinden haben einerseits die intensive Fischerei, andererseits die Verschmutzung der Flüsse und die zahlreichen Wasserbauten beigetragen, die ihm die Wanderung stromaufwärts unmöglich machten. Größere Bedeutung kommt dem Stör heute nur noch im Bereich des Schwarzen Meeres zu.

Länge:
maximal 300 cm
Gewicht:
maximal 300 kg
Merkmale:
etwa 30 Seitenschilder
9 bis 13 Rückenschilder
die gefransten Bartfäden sind im Durchschnitt kreisförmig
die Schnauze ist relativ stumpf

1 Erwachsener Fisch
2 Larve
3 Seitenansicht des Kopfes
4 Ansicht des Kopfes von unten

2
3
1
4

Sterlet

Acipenser ruthenus L.

Störe

Acipenseridae

Ein relativ kleiner störartiger Fisch, der das ganze Leben im Süßwasser verbringt. Er hat eine lange spitze Schnauze mit gefransten Bartfäden. Wie die anderen Acipenseridae hält er sich hauptsächlich am Boden der Flüsse auf. Im Frühjahr wandert er stromaufwärts, um im Mai an Stellen mit kiesigem Grund und verhältnismäßig rascher Strömung zu laichen. Im Herbst und Winter zieht er sich in tiefe Gruben am Boden des Flußbettes zurück. Er kann eine Länge von 125 cm und ein Gewicht von 6 bis 7 kg erreichen. Seine Nahrung bilden die Larven der Eintagsfliegen, der Köcherfliegen und anderer Insekten. Mancherorts wird er gemeinsam mit Karpfen in Teichen gezüchtet. Mit anderen Stören kommt es manchmal zu Kreuzungen; die daraus entstehenden Fische wachsen durchweg rascher als der Sterlet. Der Sterlet bewohnt die ins Schwarze und Asowsche Meer, ins Kaspische Meer und ins Nördliche Eismeer mündenden Flüsse vom Ob bis zur Kolyma und kommt auch in manchen der in die Ostsee mündenden Flüsse vor (Düna). In der Donau dringt er manchmal bis nach Passau vor, ausnahmsweise findet man ihn auch in den Flüssen Isar und Salzach. In den ins Nördliche Eismeer mündenden Flüssen bildet er eine besondere, selbständige Form, die sich von den Stören aus den Zuflüssen der Ostsee, des Schwarzen, Kaspischen und Asowschen Meeres unterscheidet.

Länge:
maximal 150 cm
Gewicht:
maximal 16 kg
Merkmale:
lange spitze Schnauze
lange gefranste Bartfäden
am Rücken 11 bis 17 Knochenschilder mit langen scharfen hakenartigen Dornen

1 Erwachsener Fisch
2 Larve
3 Detail des Kopfes
4 Kopf von unten

3
2
4
1

Maifisch Alse
Alosa alosa (L.)

Finte Elben
Alosa fallax (LAC.)

Der heringartige Maifisch hat einen blaugrünen Rücken, die Seiten und Bauch sind silbrig weiß. Am oberen Rand der Kiemendeckel hat er einen schwarzen Fleck, dahinter meistens einen oder zwei weniger deutliche Flecken. Seine Seitenlinie ist äußerlich nicht sichtbar. Im Mai und Juni wandert er häufig sehr weit die Flüsse hinauf zum Laichen. Die Eier schweben über dem Grund, und die Fischbrut schlüpft nach Ablauf von 3 oder 4 Tagen. Die ungefähr 8 bis 12 cm langen kleinen Fische ziehen aus den süßen Binnengewässern ins Meer. Hier verbringen sie mehrere Jahre und ernähren sich von Krustentieren. Wenn sie eine Länge von 30 bis 40 cm erreicht haben, wandern sie zum ersten Mal zum Laichen in die Binnengewässer.

Die Maifische leben vor den europäischen Atlantikküsten und im westlichen Teil des Mittelmeeres.

Die Finte ist ein heringartiger Wanderfisch, der zum Laichen im Juni und Juli in die unteren Flußläufe kommt. In der Vermehrungs- und Lebensweise ähnelt sie dem Maifisch, ist jedoch kleiner.

Zur Zeit der Wanderung ist sie in den Unterläufen der europäischen Flüsse ziemlich zahlreich vertreten. Sie lebt vor den europäischen Küsten im Mittelmeer und im Atlantik sowie auch in der Ostsee bis nach Südnorwegen, Schweden und Finnland.

Der Maifisch und die Finte gehörten früher zu den wirtschaftlich bedeutenden Fischen, heute kommen sie in den meisten größeren Flüssen Europas nur noch sehr selten vor.

Alosa alosa
Länge:
maximal 70 cm
Gewicht:
maximal 2,5 kg
Merkmale:
am oberen Rand der Kiemendeckel schwarzer Fleck dahinter meistens ein oder zwei weniger deutliche Flecken

Alosa fallax
Länge:
maximal 50 cm
Gewicht:
maximal 1 kg
Merkmale:
an den Kiemendeckeln und in einer Reihe dahinter eine größere Zahl schwarzer Flecken

1 *Alosa alosa*
2 *Alosa fallax*

1
2

Lachs

Salmo salar L.

Lachsfische
Salmonidae

Der Lachs ist ein großer grauer Seefisch mit schwarzen Flecken, die die Form von kleinen Kreuzen oder Sternen haben. Die Fettflosse ist einfarbig grau, und der untere Kiemenknochen berührt nicht den vorderen Kiemenknochen. Der Lachs wandert in den Sommer- und Herbstmonaten die Flüsse hoch hinauf zum Laichen. Die Lachse überwinden starke Strömungen, Stromschnellen, Wehre und andere Hindernisse, um in den Oberläufen der Flüsse in sauberem, sauerstoffreichem Wasser zu laichen. Hier schlagen die Weibchen große Laichgruben und legen die Eier darin ab, die die Männchen besamen. Nach dem Laichen bedecken sie die Eier mit Sand. Die Junglachse bleiben zwei bis drei Jahre in den Flüssen und ziehen erst dann ins Meer, wo sie ein bis drei Jahre leben und rasch wachsen. Im Süßwasser ernähren sie sich hauptsächlich von kleinen wirbellosen Tieren, im Meer ausschließlich von Fischen.

Die Lachse ziehen in Scharen zum Laichen in die Flüsse Europas, und zwar an den europäischen Küsten entlang von der Mündung der Petschora bis zu den Flüssen Nordwestspaniens. Auch in den Flüssen Islands und Grönlands sind sie zahlreich vertreten. Aus vielen Flüssen Europas sind sie jedoch schon zu Beginn unseres Jahrhunderts verschwunden, was durch die Wasserbauwerke und die Verunreinigung des Wassers hervorgerufen wurde. In großer Zahl kommen sie noch in den skandinavischen Flüssen, in Schottland und Irland vor, wo sie von wirtschaftlicher Bedeutung sind und von den Sportfischern sehr geschätzt werden.

Länge:
maximal 150 cm
Gewicht:
maximal 50 kg
Merkmale:
an den Seiten schwarze Flecken in Kreuzchen- oder Sternchenform
die Fettflosse ist einfarbig grau
der untere Kiemenknochen berührt nicht den vorderen Kiemenknochen (S. 73)

1 Erwachsener Fisch ♂
2 Detail des Kopfes

2 ♂
♂
1

Lachs

Salmo salar (L.)

Lachsfische
Salmonidae

Der Körper des Lachses ist spindelförmig, der Kopf relativ klein und der Schwanzstiel ziemlich dünn, länger als die Afterflosse. Die Schwanzflosse ist mäßig ausgeschnitten.

Die jungen Lachse, die auf den Laichplätzen in den oberen Flußläufen geschlüpft sind, schwimmen in der Regel nach zwei bis drei Jahren ins Meer. Manche bleiben jedoch ständig in den Flüssen, wo sie geschlechtsreif werden. Von den Meerlachsen unterscheiden sich diese Fische in der Färbung: sie ähneln den Forellen und haben an den Seiten 9 bis 10 große blaugraue Flecken.

Beim Zug aus dem Meer in die Flüsse richten sich die Lachse nach dem Chemismus des Wassers. Jeder Fluß hat für sie einen ganz besonderen Geschmack und Geruch, so daß sie sich niemals irren und stets in den Fluß ziehen, wo sie geboren wurden.

Da in vielen europäischen Flüssen, die früher für riesige Lachszüge bekannt waren, dieser königliche Fisch heute nicht mehr vorkommt, ging man in den letzten Jahren in zahlreichen Ländern zur künstlichen Lachszucht über. Lachsbrut wird in großer Menge in die Flüsse ausgesetzt, so daß der Bestand an Lachsen fortlaufend ergänzt wird.

Länge:
maximal 150 cm
Gewicht:
maximal 50 kg
Merkmale:
an den Seiten schwarze Flecken in Kreuz- oder Sternform
die Fettflosse ist einfarbig grau
der untere Kiemenknochen berührt nicht den vorderen Kiemenknochen (S. 73)

1 Erwachsener Fisch ♀
2 Brut
3 sog. Jungfisch

♀
1
♀
2
♀
3

Meerforelle

Salmo trutta trutta (L.)

Lachsfische
Salmonidae

Die Meerforelle ist ein stattlicher Lachsfisch, der ebenso wie der Lachs zum Laichen in die Flüsse zieht. Ihr Körper ist grau (Weibchen) oder bräunlich gefärbt (Männchen), mit schwarzen oder roten Flecken, die an den Seiten häufig bis unter die Seitenlinie reichen. Der untere Kiemenknochen berührt den vorderen Kiemenknochen. Die Meerforelle wird bis 1 m lang. Durch Versuche wurde nachgewiesen, daß die Meerforellen, die keine Möglichkeit haben, aus dem Süßwasser ins Meer zu gelangen, sich in Bachforellen verwandeln, und umgekehrt – junge Bachforellen verwandeln sich im Meer in große Meerforellen, die zur Laichzeit in die Flüsse ziehen. Diese beiden Forellenformen sind demnach keine selbständigen Arten; die Meerforellen sind Wanderfische, die Bachforellen nicht.

Die Meerforelle lebt in den gleichen Gewässern wie der Lachs. Ihre wirtschaftliche Bedeutung ist ähnlich. Die meisten Meerforellen werden beim Zug flußaufwärts gefangen.

Die Meerforelle hat einen größeren Kopf als der Lachs, einen kürzeren Schwanzstiel und ist im ganzen höher und robuster. Ihre Schwanzflosse ist nicht ausgeschnitten wie die des Lachses, der hintere Rand der Schwanzflosse ist fast gerade. Die erwachsenen Männchen haben jedoch, so wie die Lachse, einen stark nach oben gekrümmten Unterkiefer (Laichhaken).

Länge:
maximal 130 cm
Gewicht:
maximal 40 kg
Merkmale:
an den Seiten schwarze und rote Flecken
der untere Kiemenknochen berührt den vorderen Kiemenknochen

1 Erwachsener Fisch ♀
2 ♂
3a Form des hinteren Kiemenknochens bei *S. salar*
3b Form des hinteren Kiemenknochens bei *S. trutta trutta*

1
♀
3 a
3 b
♂
2

Seeforelle

Salmo trutta m. *lacustris* L.

Lachsfische
Salmonidae

Die große Seeform der Forelle kommt besonders in Gebirgsseen und Stauseen vor. In diesen Gewässern kann man auch beobachten, wie sich aus den kleinen Bachforellen die große Seeform entwickelt. Die Verwandlung geht mit einer Veränderung der Färbung einher: die Forellen werden einheitlich silbrig und haben am Körper kleine schwarze Flecken; die für die Bachforellen charakteristischen roten Flecken verschwinden. Die Seeforelle wächst viel rascher als die Bachforelle, hat einen höheren Körper und ist im ganzen robuster. Ihr Körper ist einheitlich silbrig und hat schwarze, nicht aber rote Flecken. Sie laicht gemeinsam mit den Bachforellen in den Zuflüssen von Seen oder Stauseen. Die Fischpopulation, die in den Bächen bleibt, entwickelt sich zu Bachforellen. Jene Forellen, die in den Stausee aufgestiegen sind, verwandeln sich in große Seeforellen. Die Seeforelle wird 3 bis 6 kg schwer; bekannt sind aber auch über 30 kg schwere Exemplare. Die jungen Forellen ernähren sich von wirbellosen Tieren, die größeren Seeforellen von Fischen.

Die Seeforelle hat in manchen Gegenden große wirtschaftliche Bedeutung. Zur Zeit des Zugs wird sie in den Zuflüssen der Seen in Netze gefangen. Sie ist auch ein von den Sportfischern sehr geschätzter Fisch.

Länge:
maximal 130 cm
Gewicht:
maximal 40 kg
Merkmale:
Körper
einheitlich
silbrig
mit schwarzen
Flecken
es fehlen
die roten
Flecken

1 Erwachsener
Fisch ♀
2 ♂

1
♀
2
♂

Bachforelle

Salmo trutta m. *fario* L.

Lachsfische
Salmonidae

Die Bachforelle ist ein typischer Lachsfisch der europäischen Gebirgsbäche, Flüsse und Seen, für den die bunte und veränderliche Färbung charakteristisch ist. Die noch nicht erwachsenen Fische haben an den Seiten große und ausgeprägte graublaue Flecken, die erwachsenen Fische haben auf dem dunklen Rücken und an den helleren Seiten rote, häufig hell gesäumte kleine Flecken. Der Bauch ist gelbweiß bis gelb. Zum Laichen ziehen die Bachforellen im Herbst und im Winter stromaufwärts. Die besamten Eier vergräbt das Weibchen in einer flachen Laichmulde. Die Größe der Forellen hängt mit dem Lebensmilieu zusammen; in den reißenden Hochgebirgsbächen werden sie ungefähr 20 cm lang und erreichen ein Gewicht von etwa 100 g, in den nahrungsreichen Flußläufen der Niederungen erreichen sie eine Länge von mehr als 60 cm und ein Gewicht von etwa 2 kg. Sie leben von Wasserinsekten und ihren Larven sowie anderen kleinen Wassertieren. Die größeren Forellen jagen Fische, ihre kleineren Artgenossen nicht ausgenommen.

Die Bachforelle bewohnt die Gebirgs- und Vorgebirgsgewässer ganz Europas. Die Forellen aus den in die Nord- und Ostsee mündenden Flüssen gehören zu einer anderen Unterart als die Forellen aus den ins Schwarze Meer mündenden Flüssen. Allerdings sind die Unterschiede nur bei einem anatomischen Vergleich erkennbar und treten äußerlich nicht in Erscheinung.

Länge:
maximal 60 cm
Gewicht:
maximal 2 kg
Merkmale:
am Rücken und an den Seiten zahlreiche dunkle Flecken
an den Seiten auch rote hell umrahmte Flecken
die Fettflosse ist hell und hat einen dunklen Rand
am Ende ist sie gewöhnlich rot

1 Erwachsener Fisch ♂
2 Detail des Kopfes

1

♂

2

Bachforelle

Salmo trutta m. *fario* L.

Lachsfische
Salmonidae

Die Weibchen der Bachforelle haben einen kürzeren Kopf als die Männchen, und ihr Unterkiefer ist nicht gekrümmt. Beim Laichen wird manchmal ein Weibchen von mehreren Männchen begleitet. Das Weibchen vergräbt die besamten Eier zwischen Sand und Kies. Die aus den Eiern schlüpfende Fischbrut hat einen großen Dottersack, aus dem sie in den ersten Lebenstagen die Nahrung bezieht. Erst dann beginnt sie zu jagen: kleinste Insektenlarven, junge Krustentiere und Wasserflöhe. Die etwas größeren Forellen haben an den Seiten deutliche blaugraue Flecken, die bei den noch größeren Fischen wieder verschwinden.

Die wirtschaftliche Bedeutung der Forelle für die Binnenfischerei ist beträchtlich. Sie zählt zu den häufigsten und bei den Sportfischern beliebtesten Fischen der Gebirgs- und Vorgebirgsgewässer. Schon vor mehreren hundert Jahren wurden Versuche mit künstlichem Laichen der Forellen unternommen. Heute sind die künstlichen Brutanstalten in vielen Ländern Europas die einzige Gewähr dafür, daß dieser schöne Fisch in den Gebirgsbächen erhalten bleibt. An manchen Orten wird die Bachforelle in kühlere Teiche ausgesetzt, erfolgreich war auch die Besetzung mancher Karpfen-Durchflußteiche mit Forellen. In den Teichen werden sie mit Netzen abgefischt.

Länge:
maximal 60 cm
Gewicht:
maximal 2 kg
Merkmale:
am Rücken und an den Seiten zahlreiche dunkle Flecken
an den Seiten häufig auch rote hell umrahmte Flecken
die Fettflosse ist hell und hat einen dunklen Rand
am Ende ist sie gewöhnlich rot

1 Erwachsener Fisch ♀
2 Dottersackbrut
3 Einjähriger Fisch
4 Zweijährige Fische

1
♀
2
3
4

Regenbogenforelle

Salmo gairdneri irideus GIBBONS

Lachsfische
Salmonidae

Dieser Lachsfisch ist in den westlichen Gebieten der USA beheimatet. In den neunziger Jahren des vorigen Jahrhunderts wurde er nach Europa gebracht, wo er sich bis heute in manchen Forellengewässern erhalten hat. Er wird in Bäche und kleinere Flüsse, in Stauseen und kühlere Teiche ausgesetzt. Die Regenbogenforelle laicht vom Dezember bis Mai, manche Populationen auch im Herbst und im Winter. In Gewässern mit reichlicher Nahrung wächst sie sehr rasch und erreicht manchmal schon im dritten Jahr ein Gewicht von 1 kg. In Europa wird sie länger als 50 cm und wiegt 4 bis 5 kg. Sie hat einen bläulichen oder olivengrünen Rücken und silbrige Seiten mit breitem rosa oder rotem Längsstreifen. Seiten, Rükken- sowie Schwanzflosse sind dicht mit dunklen Flecken übersät. Die Nahrung der jungen Regenbogenforellen besteht aus verschiedenen wirbellosen Tieren, hauptsächlich Larven und erwachsenen Insekten. Die größeren Regenbogenforellen jagen überwiegend kleine Fische.

Ebenso wie in Nordamerika leben auch in den europäischen Gewässern manche Populationen ständig und halten sich ständig im Süßwasser auf. Andere Populationen der Regenbogenforelle, die die Amerikaner Steelheads (Stahlköpfe) nennen, ziehen aus den süßen Binnengewässern ins Meer und kehren nur in der Laichzeit in die Flüsse zurück.

Länge: maximal 60 cm
Gewicht: maximal 5 kg
Merkmale: an den silbrig glänzenden Seiten zieht sich ein rosa oder roter Längsstreifen Rücken und Rücken- sowie Schwanzflosse sind dicht mit dunklen Flecken besät

1 Erwachsener Fisch ♀
2 ♂
3 Jungfisch

1
♀
3
♂
2

Wandersaibling

Salvelinus alpinus (LINNÉ)

Lachsfische
Salmonidae

Der Wandersaibling hat einen blaugrünen Rücken, graublaue oder grünliche Seiten mit kleinen roten oder orangefarbenen Flecken und einen leuchtend roten Bauch. Die Rücken- und Schwanzflosse ist bläulich, die anderen Flossen sind rot. Die ersten Strahlen der paarigen Flossen und die Afterflosse sind weiß.

Der Wandersaibling ist ein mittelgroßer Lachsfisch, der zum Laichen in die Binnengewässer zieht. In vielen Bergseen und in nördlichen Seen leben jedoch ständige Süßwasserformen. Das Laichen erfolgt in den Herbstmonaten. Nachdem sie aus den Eiern geschlüpft sind, bleiben die Jungen drei bis vier Jahre in den süßen Gewässern; ins Meer wandern sie dann im Winter unter dem Eis der zugefrorenen Flüsse, und ihre Wanderung dauert häufig bis zum Juni. In den Seen ernährt sich der Saibling hauptsächlich von niederen Lebewesen, Insektenlarven und erwachsenen Insekten. Im Meer lebt er von Fischen.

Er kommt in der Region der Eismeere Europas, Asiens und Nordamerikas, auf Island, auf Spitzbergen und in Nordnorwegen vor. In den finnischen, schwedischen und norwegischen Seen, in den Seen Englands, Irlands und Schottlands sowie in den Alpen lebt eine große Zahl lokaler Rassen des Wandersaiblings. Im Bodensee und in anderen Seen der Alpen findet man eine kleine Tiefenform dieses Fisches mit auffallend großen Augen. Wirtschaftliche Bedeutung besitzt der Wandersaibling in den Gewässern der Arktis, in den Seen gehört er zu den beliebtesten Fischen der Angelsportler.

Länge:
maximal 60 cm
Gewicht:
maximal 2,5 kg
Merkmale:
blaugrüner Rücken
graublaue oder grünliche Seiten
mit kleinen roten oder orangefarbenen Flecken
Bauch leuchtend rot
die ersten Strahlen der paarigen Flossen und der Afterflosse sind weiß

1 *Salvelinus alpinus* ♂
2 ♀
3 Tiefenform

1

♂

Bachsaibling

Salvelinus fontinalis (MITCHILL)

Lachsfische
Salmonidae

Dieser Lachsfisch wurde gemeinsam mit anderen Fischarten Ende des vorigen Jahrhunderts aus Nordamerika nach Europa gebracht. In Amerika leben außer ständigen Süßwasserformen auch Wanderformen. Der Bachsaibling hat einen olivfarbenen, hell marmorierten Rücken und am Körper rote, gelbe und blaue Flecken. Die Flossen sind hellgelb bis rötlich, die ersten Strahlen der Bauch-, Brust- und Afterflosse sind weiß und schwarz. Das Maul ist tief eingeschnitten. Die Biologie des Bachsaiblings ist der der Bachforellen und Wandersaiblinge ähnlich, mit denen er sich auch leicht kreuzt. Die unfruchtbaren Nachkommen mit dem Wandersaibling werden als Elsaßsaiblinge, die mit der Forelle als Tigerfische bezeichnet. Der Bachsaibling laicht in den Wintermonaten, das Weibchen schlägt Laichgruben aus. Er ist ein Nahrungskonkurrent der Bachforelle und des Wandersaiblings.

Der Bachsaibling wurde in verschiedenen europäischen Gebirgsgewässern ausgesetzt, zum Beispiel in zahlreichen Alpenseen, aus denen er jedoch vielfach bereits wieder verschwunden ist. Gut hat er sich nur in manchen hochgelegenen Alpenseen und Bächen eingewöhnt. In den europäischen Gewässern erreicht er eine Länge von etwa 50 cm und ein Gewicht von ca. 1 kg, in Nordamerika leben viel größere und schwerere Bachsaiblinge. Er ist ein beliebter Sportfisch.

Länge:
maximal 65 cm
Gewicht:
maximal 3 kg
Merkmale:
olivengrüner marmorierter Rücken
an den Seiten rote gelbe und blaue Flecken
Flossen hellgelb bis rötlich
die ersten Strahlen der paarigen Flossen und der Afterflosse sind weiß und schwarz

1 *Salvelinus fontinalis* ♂
2 Kümmerform aus den Gebirgsseen ♂

♂
1
2
♂

Huchen

Hucho hucho (L.)

Lachsfische
Salmonidae

Der Huchen ist ein großer und schwerer Lachsfisch, der ständig die Gebirgs- und Vorgebirgsgewässer der Donau und ihre Zuflüsse bewohnt. Er hat einen langen, oben etwas abgeflachten Kopf; die Kiemen reichen weit hinter das Auge. Der Rücken ist braunrot oder braungrün, häufig mit einem violetten Schimmer; die Seiten haben einen Stich ins Rötliche. Der Bauch ist weiß. An den Seiten zahlreiche dunkle Flecken. Die jungen Huchen sind silbrig und ähneln den Forellen. Der Huchen laicht im Frühjahr bei einer Wassertemperatur von etwa 6 bis 8 °C. Die Brut ähnelt der der anderen Lachsfische, sie wächst sehr rasch. Die jungen Huchen ernähren sich von den Larven der Wasserinsekten. Wenn sie 5 bis 6 cm lang sind, fangen sie auch schon an, kleine Fische zu jagen. Die erwachsenen Huchen ernähren sich von Fischen und anderen Wirbeltieren.

In der Kama im europäischen Teil der UdSSR lebt eine verwandte Art, der *Hucho taimen*, der noch viel größer wird.

Der Huchen ist empfindlich gegen die Verunreinigung der Gewässer und gegen Sauerstoffmangel, weshalb er in den letzten Jahren aus manchen Flüssen verschwunden ist. Er wird als Sportfisch hoch geschätzt. 10 kg schwere Fänge bilden durchaus keine Seltenheit.

Länge:
maximal 120 cm
Gewicht:
50 kg
Merkmale:
langer oben abgeflachter Kopf
die Kiefern reichen weit hinter das Auge
Rücken braunrot oder graugrün
Seiten mit rötlichem Stich
an den Seiten zahlreiche dunkle Flecken

1 Erwachsener Fisch
2 Fischbrut
3 Detail des Kopfes

1
2
3

Kleine Maräne

Coregonus albula (L.)

Große Maräne

Coregonus lavaretus maraena (BLOCH)

Die Kleine Maräne ist ein relativ kurzlebiger Fisch, er wird in der Regel nur etwa fünf Jahre alt. Er lebt in großen Schwärmen in Seen. Geschlechtsreif wird er im zweiten oder dritten Lebensjahr. Die Hauptnahrung besteht aus Plankton. Es sind zwei Unterarten bekannt, von denen die eine im Einzugsgebiet des Onegasees, die andere im Einzugsgebiet der oberen Wolga vorkommt. Das Ablaichen erfolgt im November und Dezember bei einer Wassertemperatur von 6 bis 8 °C über kiesigem Grund in einer Tiefe von 2 bis 10 m. Die Kleine Maräne ist ein Fisch, der häufig im Wassergebiet der Ostsee vorkommt. Manchenorts wird sie auch in große Stauseen ausgesetzt.

Die Große Maräne ist ein bis 130 cm langer und 10 kg schwerer Fisch mit dunkelgrünem Rücken und silbrigweißen, fleckenlosen Seiten und Bauch, mit kurzer Schnauze. Der Fisch stammt aus dem Madüsee in Pommern. Bereits im Jahr 1882 wurde er zum ersten Mal in verschiedenen Teichen ausgesetzt, und seither ist er, zum Beispiel in der südböhmischen Teichregion, als wichtiger Zuchtfisch anzusehen. Es ist ein Tiefenfisch, der nur zur Laichzeit ins seichte Wasser kommt. Er laicht im November. Seine Nahrung besteht aus Planktonorganismen, größere Maränen jagen Insekten und kleine Fische. In manchen Gegenden wird auch künstliche Laichung durchgeführt.

1 *Coregonus albula*
Länge: maximal 30 cm
Gewicht: maximal 300 g
Merkmale: relativ schlanker Körper
Unterkiefer länger als Oberkiefer
oberständiges Maul
Schwanzflosse stark ausgeschnitten

2 *Coregonus lavaretus maraena*
Länge: maximal 130 cm
Gewicht: maximal 10 kg
Merkmale: Rücken dunkelgrün
Seiten und Bauch silbrig weiß
kurze abgeschrägte Schnauze
unterständiges Maul

1
2

Nordseeschnäpel Edelmaräne

Maränen
Coregonidae

Kleine Schwebrenke, Gangfisch
Coregonus oxyrhynchus (L.)

Stint

Stinte
Osmeridae

Osmerus eperlanus (L.)

Der Nordseeschnäpel ist ein Seefisch, der an der Küste der südlichen Nordsee lebt. Sein Körper ist höchstens 50 cm lang, sein Maul mit der langgezogenen Schnäpelnase unterständig. Der Rücken ist blaugrün oder graublau, Seiten und Bauch sind weiß. Die Flossen sind schwach grau. Zum Laichen zieht der Schnäpel in den Rhein oder die Elbe. Er laicht im November und Dezember auf Schottersandgrund. Seine Nahrung bilden hauptsächlich kleine Bodentiere und Plankton. In manchen Gegenden hat er wirtschaftliche Bedeutung. Im Unterlauf der Elbe und des Rheins wird er in Netze abgefischt. Von Jahr zu Jahr wird er jedoch seltener.

Der Stint zieht in der Laichzeit weit flußaufwärts. Er lebt an der Küste Europas von Skandinavien bis in den Bottnischen Meerbusen. Er ist klein, höchstens 30 cm lang mit durchscheinendem Körper, großem bezahntem Maul und großen Augen; die Seitenlinie endet hinter den Brustflossen. Der Rücken ist grüngrau, die Seiten sind silbrig, der Bauch ist weiß. Er laicht im März und April in den Seitenarmen der Flüsse. Die Eier liegen am Grund. Das Larvenstadium dauert ziemlich lang, und erst wenn die kleinen Fische 4 bis 5 cm lang sind, wachsen ihnen Schuppen, und sie ziehen ins Meer, wo sie in den dunklen Tiefen leben. Sie ernähren sich von Planktonkrustentieren und kleinen Fischen. Der Stint wird gefangen und zu Fischmehl verarbeitet.

Coregonus oxyrhynchus
Länge:
maximal 50 cm
Gewicht:
maximal 1,5 kg
Merkmale:
die Schnauze ist spitz und langgezogen
das Maul unterständig

Osmerus eperlanus
Länge:
maximal 30 cm
Gewicht:
maximal 0,5 kg
Merkmale:
durchscheinender Körper
großes bezahntes Maul und große Augen
die Seitenlinie endet hinter den Brustflossen

1 *Coregonus oxyrhynchus*
2 Detail des Kopfes
3 *Osmerus eperlanus*

2
1
3

Äsche

Thymallus thymallus (L.)

Äschen
Thymallidae

Die Äsche ist ein gesellig lebender Fisch der Vorgebirgsregionen der Flüsse mit kiesigem oder steinigem Grund. Sie laicht im Frühjahr, wenn sie ihren Standort verläßt und flußaufwärts an Stellen mit Kiesgrund zieht. Die Laichstellen werden von den Männchen gebaut, die häufig nacheinander mehrere Weibchen zu den Laichstellen treiben. Verglichen mit den Lachsfischen hat die Äsche einen relativ kleinen Kopf, ein feines kleines Maul mit fleischigem vorstehendem Rüssel, auffallend große Schuppen und eine hohe, bunte Rükkenflosse. Sie wird bis 50 cm lang und wiegt 1 kg, manchmal auch mehr. Die Jungfische sind silbrig hellgrün und haben an den Seiten häufig bläuliche Flecken.

Die Äsche lebt in den Vorgebirgsflüssen Europas von Wales und Frankreich bis zum Weißen Meer und in Norditalien im Einzugsgebiet des Po. In Südeuropa, in den nördlichen Teilen Skandinaviens und in Irland kommt sie nicht vor. In den Alpen steigt sie bis in 1500 m Seehöhe über N. N., in den Karpaten bis etwa 1000 m hoch.

In manchen europäischen Stauseen wurde kürzlich mit relativ gutem Resultat ein anderer äschenartiger Fisch, die Baikaläsche *(Thymallus arcticus baicalensis),* ausgesetzt, die aus dem Baikalsee und seinen Zuflüssen stammt. Sie ist allgemein dunkler gefärbt als die europäische Äsche, und ihr Maul ist tiefer gespalten.

Länge:
maximal 60 cm
Gewicht:
maximal 1,5 kg
Merkmale:
Fisch mit großen Schuppen kleinem Maul und Fettflosse die Rückenflosse ist auffallend hoch und buntfarben

1 Erwachsener Fisch ♀
2 ♂

1
♀
♂
2

Hecht
Esox lucius L.

Hechte
Esocidae

Der Hecht ist der einzige europäische Vertreter der Hechtfische mit charakteristisch nach hinten verschobener Rückenflosse, oben abgeflachtem Kopf und stark bezahnten Kiefern. Der Hecht hat einen graugrünen oder bräunlichen Rücken, grünliche Seiten mit gelben Flecken oder Streifen, einen weißen Bauch mit hellgrauen Flecken.

Er erreicht in Ausnahmefällen eine Länge von 150 cm und ein Gewicht von 35 kg; allerdings kommen Hechte, die länger als 1 m und schwerer als 10 kg sind, ziemlich selten vor. Der Hecht ist ein Raubfisch, der sich von frühester Jugend an von Fischen ernährt. Er bewohnt hauptsächlich die unteren Abschnitte der Flüsse, Flußarme und Tümpel mit reichem Pflanzenbewuchs, dringt jedoch häufig auch weit stromaufwärts vor. In Gewässern, die reich an „Fischunkraut", d.h. Profanfischen, sind, wächst er sehr rasch. Seine wirtschaftliche Bedeutung im Teichwesen und in den freien Gewässern ist beträchtlich. Er wird in Karpfenteiche eingesetzt, wo er den Stand der unerwünschten Profanfische reduziert. In vielen Ländern Europas wird künstliche Laichung durchgeführt. Der Hecht laicht zeitig im Frühjahr meistens auf überschwemmten Wiesen.

Er lebt in ganz Europa mit Ausnahme der Pyrenäenhalbinsel, des südlichen Balkans und Süditaliens. An der westlichen Küste Norwegens kommt er nicht vor. Die Art ist in der gemäßigten und nördlichen Zone der ganzen nördlichen Hemisphäre verbreitet, also auch in Asien und in Nordamerika.

Länge:
maximal
150 cm
Gewicht:
maximal 35 kg
Merkmale:
langgestreckter
zylindrischer
Körper
Rückenflosse
weit nach hinten
verschoben
riesiges Maul
mit zahlreichen
nach innen
geneigten
Zähnen

1 Erwachsener Fisch
2 Dottersackbrut
3 Jungfische

1
2
3

Hundsfisch

Umbra krameri (WALBAUM)

Hundsfische
Umbridae

Marmorierte Grundel

Proterorhinus marmoratus (PALLAS)

Grundeln
Gobiidae

Der Hundsfisch ist ein kleiner rotbrauner unregelmäßig gefleckter Fisch mit abgerundeter Schwanzflosse, dessen Seitenlinie an den Seiten einen hellen Streifen bildet und dessen Kopf oben und an den Seiten mit Schuppen bedeckt ist. Er wird höchstens 13 cm lang und bewohnt die toten Donauarme von Wien bis zur Mündung, den Unterlauf des Dnjestr und Pruth und den Balaton sowie den Neusiedlersee. Er liebt Wasser mit reichem Pflanzenwuchs, zum Beispiel Bewässerungskanäle, Tümpel und Altarme. Er wird nur etwa zwei Jahre alt. Seine Nahrung bilden Planktontiere und Benthoslebewesen.

Die Marmorierte Grundel ist ein 7 bis 11 cm langer gelbgrauer oder graunbrauer Fisch mit mehreren Querflecken an den Seiten. Die Bauchflosse ist zu einer Ansaugscheibe zusammengewachsen, die erste Rückenflosse hat weiche Stacheln. Der Kopf ist oben abgeflacht. Die vorderen Nasenöffnungen sind zu Röhrchen verlängert, die über der Oberlippe hängen. Eine Seitenlinie ist nicht entwickelt. Die Marmorierte Grundel ist ein Bodenfisch, der sich zwischen den Wasserpflanzen versteckt. Ihre Nahrung besteht aus kleinen Insektenlarven und anderen kleinen wirbellosen Tieren.

Sie lebt im Brackwasser und in den ins Schwarze Meer mündenden Flüssen. In der Donau kommt sie bis zur Mündung der March vor.

Umbra krameri
Länge:
maximal 13 cm
Gewicht:
maximal 30 g
Merkmale:
Rückenflosse nach hinten verschoben
die Seitenlinie bildet einen hellen Streifen
Kopf oben und an den Seiten mit Schuppen bedeckt

Proterorhinus marmoratus
Länge:
maximal 11 cm
Gewicht:
maximal 15 g
Merkmale:
vordere Nasenöffnungen zu Röhrchen verlängert
Seitenlinie nicht entwickelt

1 *Umbra krameri*
2 *Proterorhinus marmoratus*
2a Bauchflossen die beim *P. marmoratus* zu einer Ansaugscheibe zusammengewachsen sind

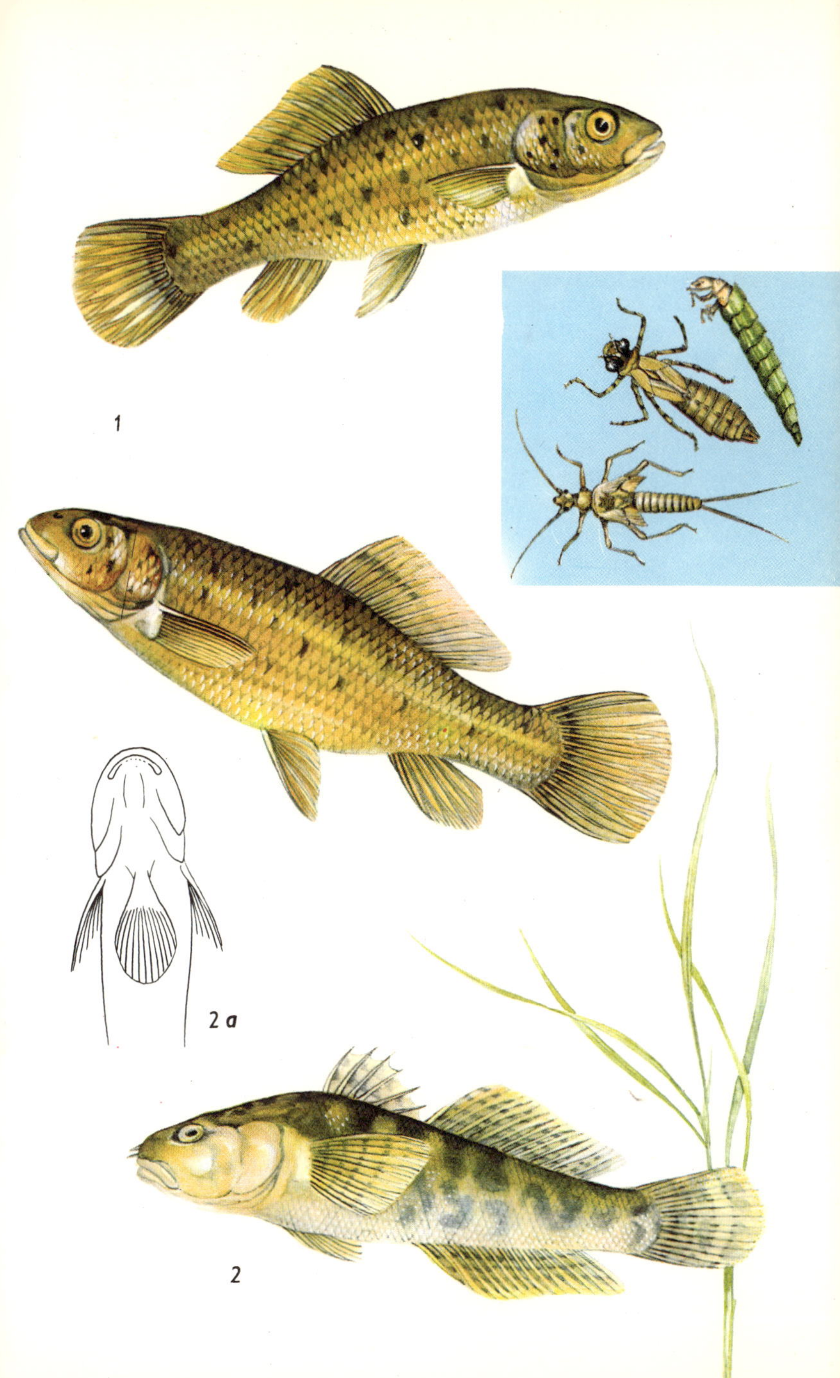
1
2 a
2

Plötze Rotauge

Rutilus rutilus (L.)

Karpfenfische

Cyprinidae

Die Plötze ist ein Karpfenfisch mit relativ großen, gut in der Haut eingewachsenen Schuppen. Der Rücken ist dunkel, mit bläulichem oder grünlichem Glanz, die Seiten sind silberweiß, die Rücken- und Schwanzflosse grau, die anderen Flossen rötlich.

Die Rückenflosse liegt über der Wurzel der Bauchflossen. Die Plötze hält sich in Schwärmen auf, sie zählt zu den zahlreichsten Fischen aller Gewässertypen mit Ausnahme der Forellenbäche und lebt auch in Brackwasser und in der Ostsee. Die Meerformen ziehen zur Laichzeit die Flüsse aufwärts. Die Plötze laicht im April und Mai in seichten Gewässern an den Wasserpflanzen, die Männchen haben zur Laichzeit einen auffallenden Laichausschlag. In manchen Gegenden hat die Plötze wirtschaftliche Bedeutung (an großen Talsperren, manchen Teichen, Seen und Flüssen) und wird mit Netzen jeder Art abgefischt. Sie ist auch ein beliebter Sportfisch und wird außerdem als Köderfisch für den Fang von Raubfischen mit der Angel benutzt. Sie wird 40 cm lang und kann ein Gewicht von 1 kg erreichen. In der Natur kreuzt sie sich häufig mit anderen karpfenartigen Fischen (Ukelei, Rotfeder, Brachsen). Sie ernährt sich von wirbellosen Wassertieren, in der Nahrung größerer Plötzen sind auch Wasserpflanzen reichlich vertreten. Die Plötze kommt in ganz Europa vor mit Ausnahme der Pyrenäenhalbinsel und Italiens, Griechenlands, Nordschottlands und Nordnorwegens.

Länge:
maximal 40 cm
Gewicht:
maximal 1 kg
Merkmale:
die Rückenflosse liegt über den Bauchflossen
die Afterflosse hinter der vom Ende der Rückenflosse geführten Senkrechten
die Unterseite des Körpers hinter den Bauchflossen ist abgerundet und mit Schuppen bedeckt

1 Erwachsene Fische
2 Brut
3 Eier

2
1
3

Perlfisch

Rutilus frisii meidingeri (HECKEL)

Karpfenfische
Cyprinidae

Pigo

Rutilus pigus (LAC.)

Rutilus frisii meidingeri hat einen langen zylindrischen Körper und ein kleines Maul mit einer runden, hervortretenden Schnauze. Der Rücken ist dunkelbraun mit grünem Glanz, die Seiten sind hell, der Bauch ist weiß. Die Flossen sind gräulich und durchscheinend. Es ist ein Wanderfisch, der in kleinen Schwärmen in manchen Alpenseen lebt. Im April und Mai laicht er in den Zu- und Abflüssen der Seen. Er lebt von Weichtieren, Würmern, Insektenlarven, Pflanzen und kleinen Fischen. Gefangen wird er während des Zuges in Netze; außerdem ist er ein beliebter Sportfisch.

Er bewohnt das System der oberen Donau, den Chiemsee, Traunsee, Attersee und Mondsee sowie ihre Zuflüsse, und ist eine Unterart der Plötze *Rutilus frisii*, die in den nordwestlichen Zuflüssen des Schwarzen Meeres häufig vorkommt.

Der Pigo ist ein in tieferen Regionen lebender Fisch, der sich von der Plötze durch die größere Schuppenzahl in der Seitenlinie und das dunkel pigmentierte Epithel der Bauchhöhle unterscheidet. Die Schuppen sind relativ groß, das Maul liegt unten am Kopf. Die Rückenflosse ist rötlich, die Schwanzflosse gelbrot. Er wird größer als die Plötze, bis 50 cm lang, und etwa 2 kg schwer. Er bewohnt die norditalienischen Seen, den Lago Maggiore, Lago Lugano, Lago di Como und Lago di Garda und das Einzugsgebiet des Po. Im oberen und mittleren Donaulauf und den Donauzuflüssen lebt eine Unterart, der Frauennerfling *(Rutilus pigus virgo)*.

Rutilus frisii meidingeri
Länge:
maximal 40 cm
Gewicht:
maximal 1,5 kg
Merkmale:
schlanker zylindrischer Körper und kleines Maul
Flossen gräulich und durchscheinend

Rutilus pigus
Länge:
maximal 50 cm
Gewicht:
maximal 2 kg
Merkmale:
Seiten leuchtend opalfarben
Rückenflosse rötlich
Schwanzflosse gelbrot
das Epithel der Bauchhöhle ist dunkel

1 *Rutilus frisii meidingeri*
2 *Rutilus pigus virgo*

1

2

Moderlieschen

Leucaspius delineatus (HECKEL)

Karpfenfische
Cyprinidae

Bitterling

Rhodeus sericeus amarus (BLOCH)

Das Moderlieschen ist ein kleiner Karpfenfisch mit schlankem, an den Seiten abgeflachtem Körper und leicht abfallenden Schuppen. Die Seitenlinie ist nur an einigen der ersten Schuppen entwickelt. Der Rücken ist grünlich, Bauch und Seiten sind silbrig. Es lebt in großen Schwärmen in stehenden oder langsam fließenden Gewässern mit reichem Pflanzenwuchs. Im April und Mai laicht es, wobei das Weibchen die Eier in einem Streifen um die Stiele der Wasserpflanzen legt und das Männchen sie bewacht. Die Hauptnahrung des Moderlieschen besteht aus Plankton.

Es kommt in ganz Mittel- und Osteuropa vor, vom Rhein bis ins Einzugsgebiet der Wolga und im Norden bis nach Südschweden.

Der Bitterling ist ein kleiner Fisch mit hohem Körper und einem blaugrünen Streifen an den Seiten, der sich nach hinten zu verbreitert. Er kommt in großer Zahl in stehenden Gewässern an den unteren Flußläufen, in seichten Buchten, Altarmen und Tümpeln vor, und zwar dort, wo Teich- oder Malermuscheln leben, in deren Kiemenraum die Bitterlinge im April bis Juni die Eier ablegen. Das Weibchen besitzt in der Laichzeit eine rosa Legeröhre, die Männchen nehmen an den Seiten eine rotviolette Färbung an.

Der Bitterling ist in ganz Europa verbreitet, von Nordostfrankreich und der Rhone bis zum Kaspischen Meer, fehlt aber in Dänemark, in Skandinavien, auf den Britischen Inseln und den südeuropäischen Halbinseln. Er lebt von Planktontieren, Insektenlarven und Würmern.

Leucaspius delineatus
Länge:
maximal 9 cm
Gewicht:
maximal 10 g
Merkmale:
Maul schräg nach oben gerichtet
die Seitenlinie ist nur an den ersten Schuppen entwickelt

Rhodeus sericeus amarus
Länge:
maximal 8 cm
Gewicht:
maximal 15 g
Merkmale:
an den Seiten einen blaugrünen nach hinten zu breiter werdenden Streifen
das Maul ist halbunterständig
die Seitenlinie unvollständig (verkümmert)

1 *Leucaspius delineatus*
2 *Rhodeus sericeus amarus* ♂
3 ♀

1
2
♂
♀
3

Strömer

Leuciscus souffia (RISSO)

Karpfenfische
Cyprinidae

Hasel

Leuciscus leuciscus (L.)

Der Strömer ist ein kleiner Fisch mit langem spindelförmigem Körper und unterständigem Maul. Über die ganze Länge seiner silbrigen Seiten zieht sich – vom Maul bis zum Schwanzstiel – ein breiter dunkler Streifen. Die Kanälchen der Seitenlinie sind orangefarben. Er bewohnt tiefere Gewässer und lebt in Schwärmen. Der Strömer laicht an steinigen Stellen in der Strömung, Männchen und Weibchen haben in der Laichzeit einen Laichausschlag. Der Strömer ernährt sich von kleinen wirbellosen Wassertieren und Anfluginsekten. Er bewohnt das Einzugsgebiet der Rhone und des Po. Die Unterart *Leuciscus souffia agassizi* bewohnt die Nebenflüsse des oberen Rheins und der Donau sowie die Flüsse im Einzugsgebiet der Theiß.

Der Hasel ist ein langer kleinerer Karpfenfisch mit im Schnitt nahezu kreisförmigem Körper, dunklem Rücken mit blauem Schimmer und silbrigen Seiten. Von dem ähnlichen Döbel unterscheidet er sich durch das kleine Maul und die konkav ausgeschnittene Afterflosse. Er lebt in der Strömung sauberer Flüsse und Bäche der Vorgebirge und der Niederungen und ernährt sich von Insekten und ihren Larven, die er vom Boden und von der Wasseroberfläche sammelt. Im März bis Mai legt er den Laich an Wasserpflanzen ab. Er kommt in ganz Europa vor mit Ausnahme der drei südeuropäischen Halbinseln, Schottlands und der nördlichsten Teile Skandinaviens.

1 *Leuciscus souffia*
Länge:
maximal 20 cm
Gewicht:
maximal 100 g
Merkmale:
an den Seiten zieht sich vom Maul bis zum Schwanzstiel ein breiter dunkler Streifen
die Kanälchen der Seitenlinie sind orangefarben
das Maul ist unterständig

2 *Leuciscus leuciscus*
Länge:
maximal 35 cm
Gewicht:
maximal 250 g
Merkmale:
kleines Maul
Afterflosse ausgebuchtet
die Unterseite des Körpers ist hinter den Brustflossen abgerundet und mit Schuppen bedeckt

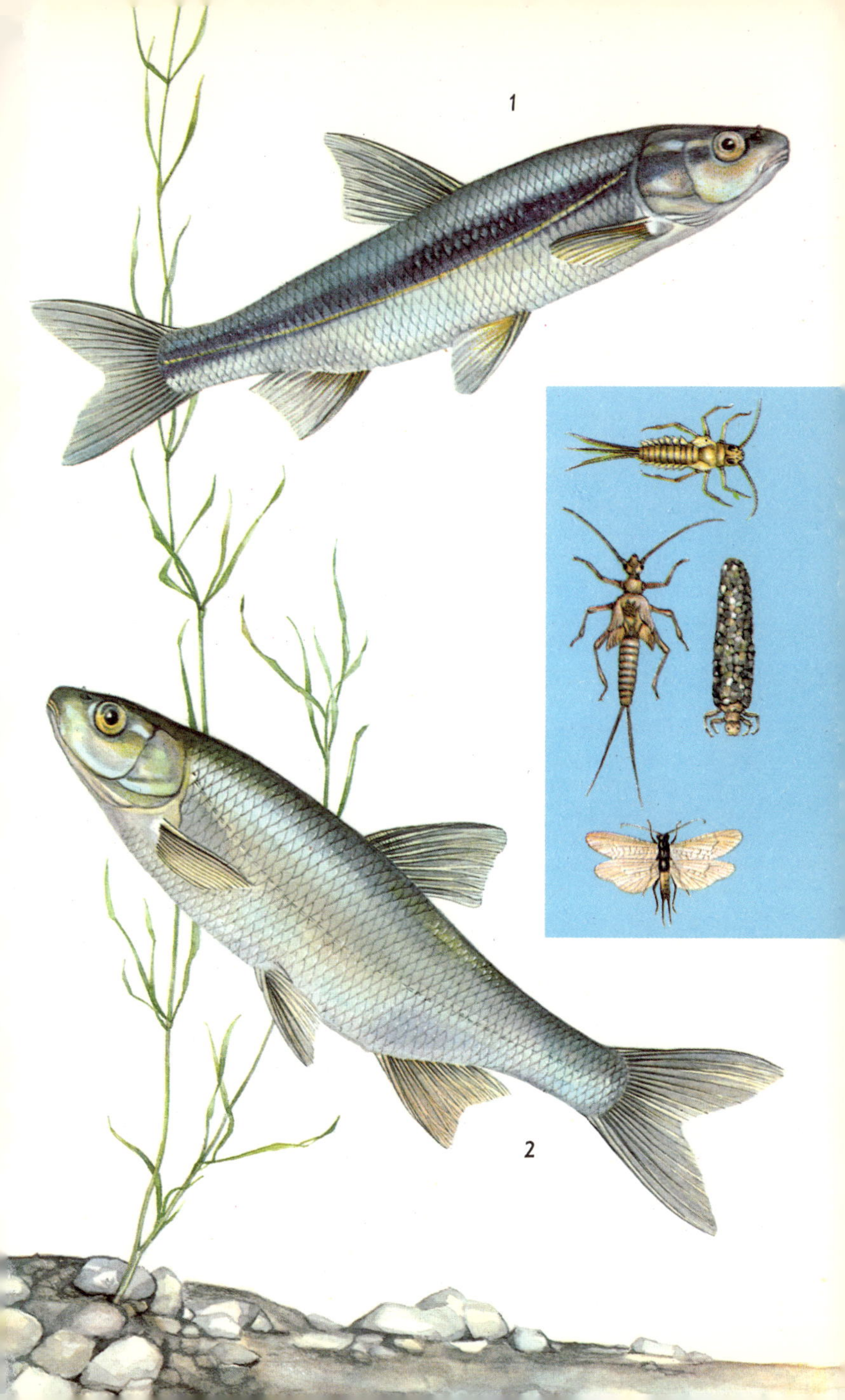
1
2

Döbel Aitel

Leuciscus cephalus (L.)

Karpfenfische
Cyprinidae

Der Döbel ist ein größerer, häufig bis 80 cm langer und mehr als 3 kg schwerer Fisch mit langem zylindrischem Körper und großen Schuppen, die grau oder schwarz gesäumt sind. Die Rücken- und Schwanzflosse ist graugrün, die After- und Bauchflosse orangerot. Das Maul ist groß und breit, die Afterflosse abgerundet. Der Döbel bewohnt alle Typen fließender Gewässer vom unteren Teil der Forellenregion bis in die Ebene. Er sucht gewöhnlich seichteres Wasser mit härterem Boden, kommt aber auch in stehenden Gewässern vor. Er ernährt sich von kleinen wirbellosen Tieren, Insekten, kleinen Fischen, Fröschen und Krebsen, schnappt aber auch nach Obst, das auf die Wasserfläche fällt, was sich die Angler zunutze machen. Er laicht im April bis Juni an Wasserpflanzen und Steinen. Die jungen Döbel leben in Schwärmen, die älteren sind Einzelgänger.

In Europa ist der Döbel von Südschottland und England bis zum Ural verbreitet; in Irland, Dänemark, den nördlichen Gebieten Skandinaviens und auf den Mittelmeerinseln kommt er nicht vor. In Europa hat er mehrere Unterarten. Seine wirtschaftliche Bedeutung ist stellenweise beträchtlich, er wird in alle Arten von Netzen gefangen. Der Angler fängt ihn auf Blinker, mit einem Köderfisch, auf Würmer, Teig und Obst.

Länge:
maximal 80 cm
Gewicht:
maximal 4 kg
Merkmale:
großes breites Maul
Afterflosse abgerundet
die Schuppen sind dunkelumrandet und bilden am Körper ein netzartiges Muster

1 Erwachsene Fische
2 Detail des Kopfes

1
2

Aland

Leuciscus idus (L.)

Karpfenfische
Cyprinidae

Der Aland ist ein langer, an den Seiten stark abgeflachter Fisch mit relativ hohem Körper. Die Rückenflosse beginnt hinter der Mitte der Bauchflossen. Das nicht sehr große Maul ist endständig. Der Rücken ist bis zur Seitenlinie graugrün, darunter ist der Körper hell. Die Rücken- und Schwanzflosse sind schmutzig grün, die paarigen Flossen und die Afterflosse sind rötlich gefärbt. Der Aland erreicht eine Länge von 50 cm und ein Gewicht von mehr als 2 kg. In den oberen Flußläufen kommt er nicht vor, er bevorzugt jedoch kleinere Gewässer und hält sich häufig an der Oberfläche auf. Er laicht in Ufernähe auf Pflanzen und Steinen, zur Laichzeit haben die Männchen einen auffälligen Laichausschlag. Der Aland ernährt sich von Insekten und Bodentieren, größere Exemplare auch von Fischen.

In Europa lebt er vom Rhein bis zum Ural, nicht jedoch in England, Frankreich, der Schweiz, Norwegen und in den Gewässern südlich der Alpen und der Donau. In kleineren Mengen wird er in Netze gefangen, er ist auch ein beliebter Sportfisch.

Die Goldorfe, eine Aberration des Alands *(Leuciscus idus* aberr. *orfus),* hat einen orangeroten Körper und goldenschimmernde Flossen. Sie wird als Zierfisch in Parkteichen und Bassins gehalten.

Länge:
maximal 50 cm
Gewicht:
maximal 3 kg
Merkmale:
Körper relativ hoch
Maul klein
Rücken graugrün
unter der Seitenlinie ist der Körper silbrig weiß
die paarigen Flossen und die Afterflosse sind rötlich

1 Erwachsener Fisch
2 goldene Zierform

2
1

Elritze

Phoxinus phoxinus (L.)

Karpfenfische
Cyprinidae

Die Elritze ist ein kleiner, in der Regel nur 6 bis 10 cm langer Fisch mit sehr kleinen Schuppen und häufig unvollständiger Seitenlinie. Die Rückenflosse ist nach hinten verschoben. Der Rücken ist braungrün, die heller grünen Seiten glänzen häufig golden. Der Bauch ist weiß oder rosa. Am Rücken und an den Seiten findet man dunkle Flecken, die manchmal einen Längsstreifen, ein andermal mehrere Querbinden entstehen lassen. In der Laichzeit, vom April bis Juni, sind die Männchen sehr bunt: sie haben einen dunklen Rücken, goldene Seiten, einen roten Bauch; rot sind auch die Lippenränder, die Basis der paarigen Flossen und die Afterflosse. Die Männchen haben außerdem einen Laichausschlag. Die Elritze lebt in Gruppen in sauberen Bächen und Gebirgsflüssen mit sandigem oder steinigem Grund, häufig zusammen mit Forellen. Sie ernährt sich von kleineren wirbellosen Bodentieren und Insekten.

Die Elritze ist in ganz Europa verbreitet von Nordspanien und Norditalien bis weit nach Osten. Man findet sie jedoch nicht in Nordschottland, in Südspanien und in Portugal, in Mittel- und Süditalien, auf dem Peloponnes und in den nördlichsten Teilen Skandinaviens. In Osteuropa, in der Umgebung von Warschau und Danzig sowie im Einzugsgebiet der Oder lebt die verwandte und ähnliche *Phoxinus percnurus.*

Länge:
maximal 10 cm
Gewicht:
maximal 10 g
Merkmale:
Rückenflosse nach hinten verschoben
Seitenlinie häufig unvollständig
Schuppen sehr klein

1 Erwachsener Fisch ♂
2 ♀
3 Schwarm auf der Nahrungssuche

3
1
♂
♀
2

Rotfeder

Scardinius erythrophthalmus (L.)

Karpfenfische
Cyprinidae

Das charakteristische Merkmal dieses Karpfenfisches besteht in einem starken, schuppenbedeckten Kiel zwischen Bauch und Afterflosse. Im übrigen ähnelt die Rotfeder der Plötze. Die Rückenflosse beginnt jedoch hinter der von der Basis der Bauchflossen errichteten ideellen Senkrechten. Der Körper ist an den Seiten abgeflacht, das kleine Maul ist steil, endständig. Der Rücken ist blaugrün, der Bauch silbrig weiß. Außer der grauen, etwas rötlichen Rückenflosse und den Brustflossen sind alle anderen Flossen ausgesprochen rot, die Augen gelb bis gelbrot. Die Rotfeder lebt in den Buchten der unteren Flußläufe, in Altarmen und in abgeschlossenen Tümpeln mit reichem Pflanzenwuchs. Sie hält sich in kleinen Gruppen auf. Im Mai und Juni laicht sie zwischen Wasserpflanzen. Die jungen, bis etwa 7 cm großen Rotfedern ernähren sich von Plankton, die größeren hauptsächlich von Wasserpflanzen.

Mit Ausnahme der Pyrenäenhalbinsel, Schottlands, Westnorwegens, des nördlichen und mittleren Schwedens und der Krim lebt die Rotfeder in ganz Europa. In Mittel- und Süditalien sowie in Dalmatien kommt die Unterart *Scardinius erythrophthalmus scardafa* vor. Die wirtschaftliche Bedeutung der Rotfeder ist gering.

Länge:
maximal 30 cm
Gewicht:
maximal 1 kg
Merkmale:
hinter den Bauchflossen starker Kiel von geknickten Schuppen
Maul klein steil endständig
die Rückenflosse beginnt hinter der von den Bauchflossen geführten Senkrechten

1 Erwachsener Fisch
2 Jungfische

1
2

Rapfen Schied
Aspius aspius (L.)

Karpfenfische
Cyprinidae

Der Rapfen ist ein großer Karpfenfisch mit langgestrecktem Körper und breitem Maul, das bis hinter die Augen reicht. Im Oberkiefer befindet sich eine kleine Vertiefung, in die eine Erhöhung des Unterkiefers einfällt. Der Rükken ist graublau, die Seiten sind silbrig. Die Rückenflosse liegt hinter der von der Basis der Bauchflossen geführten Senkrechten. Hinter den Bauchflossen hat der Rapfen einen schuppenbedeckten Kiel.

Der Rapfen ist ein Raubfisch der Unterläufe großer Flüsse, manchmal lebt er auch in Altarmen. Er bewohnt die oberen Wasserschichten und lebt von kleinen Fischen, in deren Schwärme er häufig geräuschvoll einfällt und manchmal dabei auch über das Wasser springt. Ferner jagt er Anfluginsekten. Im April bis Juni laicht er auf steinigem Grund in der Strömung. Die Nahrung der jungen Fische bilden anfänglich Plankton und kleine Insektenlarven, dann die Brut anderer Fische, später größere Fische.

In Europa kommt der Rapfen östlich der Elbe in den Flüssen vor, die in die Nordsee, in die Ostsee, ins Schwarze und Kaspische Meer münden. Er fehlt in Frankreich, Britannien, Dänemark, in der Schweiz, auf der Pyrenäenhalbinsel und im südlichen Teil der Balkanhalbinsel. Nach Osten zu wächst seine wirtschaftliche Bedeutung. Er ist ein beliebter Raubfisch zum Fangen an der Angel.

Länge:
maximal 1,2 m
Gewicht:
maximal 14 kg
Merkmale:
im Oberkiefer
eine Vertiefung
in die
eine Erhebung
im Unterkiefer
einfällt
das große
weit gespaltene
Maul
reicht bis
hinter
das Auge
hinter den
Bauchflossen
von Schuppen
bedeckter Kiel

1 Erwachsene Fische
2 Detail des Kopfes

1
2

Schleie

Tinca tinca (L.)

Karpfenfische
Cyprinidae

Die Schleie ist ein gedrungener Karpfenfisch mit kleinen Schuppen, die sehr fest in der Haut sitzen. In den Maulwinkeln je ein kurzer Bartfaden. Sie hat auffallend kleine Augen. Der Rücken ist braungrün, die Seiten schimmern golden, der Bauch ist weiß. Die Schleie gehört zu den wenigen Fischen, bei denen man auf den ersten Blick das Geschlecht erkennen kann: die Männchen haben längere und stärkere Bauchflossen als die Weibchen.

Die Schleie lebt in langsam fließenden Gewässern, Altarmen und Buchten mit schlammigem Boden, in Wasser mit reichem Pflanzenwuchs. Sie wird auch am Karpfenteiche ausgesetzt. Man findet sie auch im östlichen Teil der Ostsee. Sie hält sich am Boden auf, und ihre Hauptnahrung bilden kleine Bodentiere. Sie laicht Ende Mai und im Juni an Wasserpflanzen, die Zahl der Eier ist sehr groß. In der kühlen oder in einer besonders warmen Jahreszeit hört sie auf, Nahrung aufzunehmen, und vergräbt sich im Schlamm. Sie verträgt auch starken Sauerstoffmangel im Wasser. In Norddeutschland, in Frankreich und anderen Ländern ist die Schleie eine sehr geschätzte Delikatesse und besitzt große wirtschaftliche Bedeutung.

Sie lebt in ganz Europa mit Ausnahme der nördlichen Teile Skandinaviens und der UdSSR, Schottlands, Dalmatiens und der Krim.

Länge:
maximal 60 cm
Gewicht:
maximal 6 kg
Merkmale:
kleine fest in der Haut sitzende Schuppen
Flossen abgerundet
Augen klein
in den Maulwinkeln zwei kleine Bartfäden

1 Erwachsener Fisch
2 Ansicht von unten ♂
3 ♀

1
2
♂
3
♀

Nase

Chondrostoma nasus (L.)

Karpfenfische
Cyprinidae

Die Nase ist ein mittelgroßer Fisch mit langem, an den Seiten etwas abgeflachtem Körper und typischem, stark unterständigem Maul. Die Lippen sind mit verhornter Haut bedeckt, dadurch haben die Mauländer scharfe Kanten. Der Fisch hat einen graublauen bis graugrünen Rücken, silbrige Seiten und Bauch. Alle Flossen – mit Ausnahme der Rückenflosse – sind rot. Sie wird gewöhnlich 40 cm lang und 1 kg schwer und lebt in großen Gruppen in Vorgebirgsflüssen und Seen. Zum Laichen zieht sie in Schwärmen stromaufwärts in die oberen Teile des Flußlaufes. Die Nase ernährt sich von Algenbewuchs an Steinen, die sie mit ihrem verhornten Maul abkratzt.

Die Nase bewohnt die Flüsse, die von Süden in die Nord- und Ostsee münden, und in denen, die von Norden und Westen ins Schwarze Meer münden. Sie kommt auch in den Zuflüssen des Kaspischen Meeres vor. Außer der Nase gibt es in Europa noch etwa 17 andere Arten; in Norditalien *Ch. soetta,* auf der Pyrenäenhalbinsel *Ch. polylepis,* in Nord- und Mittelitalien *Ch. genei,* im Einzugsgebiet der Rhone, der Loire und der Flüsse Nordspaniens *Ch. toxostoma* u. a.

Länge:
maximal 50 cm
Gewicht:
maximal 2,5 kg
Merkmale:
stark unterständiges Maul mit scharfen Kanten
Körper an den Seiten etwas abgeflacht
Seiten silbrig

1 Erwachsener Fisch
2 Detail des Kopfes
3 Kopf von unten
4 Jungfisch

2
3
1
4

Steingreßling

Gobio uranoscopus (AGASSIZ)

Karpfenfische
Cyprinidae

Gründling

Gobio gobio (L.)

Der Steingreßling ist dem Gründling ähnlich; der Steingreßling hat jedoch längere, bis weit hinter das Auge reichende Bartfäden und am Hals Schuppen. Er ist ein Bewohner der Flußpartien mit starker Strömung und lebt am Grund. Man findet ihn auch in der Forellenregion. Er ist in der oberen und mittleren Donau und ihren Zuflüssen, zum Beispiel in der Isar, ferner in den Flüssen der Ukraine (Dnjestr), Rumäniens u. a. verbreitet.

Der Gründling ist ein kleiner Fisch mit langgestrecktem spindelförmigem Körper, mit ziemlich großen Schuppen und einer kurzen Rücken- sowie Afterflosse. Er hat einen bräunlichen Rücken mit dunklen Flecken, an den Seiten violette bis blaue Flecken. Das Maul ist unterständig, mit zwei Bartfäden, die – zurückgelegt – nicht bis zum Auge reichen. Der Hals ist schuppenlos. Der Gründling wohnt am Grund aller Gewässertypen. Er laicht im Mai und Juni, wobei er die Eier an seichten Stellen in kleinen Klumpen an Steinen und Pflanzen ablegt. Die Jungen halten sich in Schwärmen auf. Der Gründling kommt in ganz Europa vor mit Ausnahme der Pyrenäenhalbinsel, der südlichen Gebiete Italiens (im Gebiet des Po kommt er vor), Griechenlands, Norwegens, Nordschwedens, Finnlands und Schottlands. Mit Vorliebe wird er als Köder zum Raubfischfang verwendet.

Gobio uranoscopus
Länge:
maximal 12 cm
Gewicht:
maximal 50 g
Merkmale:
die langen Bartfäden reichen bis zum hinteren Kiemenknochen
der Hals ist von Schuppen bedeckt

Gobio gobio
Länge:
maximal 20 cm
Gewicht:
maximal 100 g
Merkmale:
an den Seiten violette bis blaue Flecken
die Bartfäden sind ziemlich kurz
der Hals schuppenlos

1 *Gobio uranoscopus*
2 *Gobio gobio*

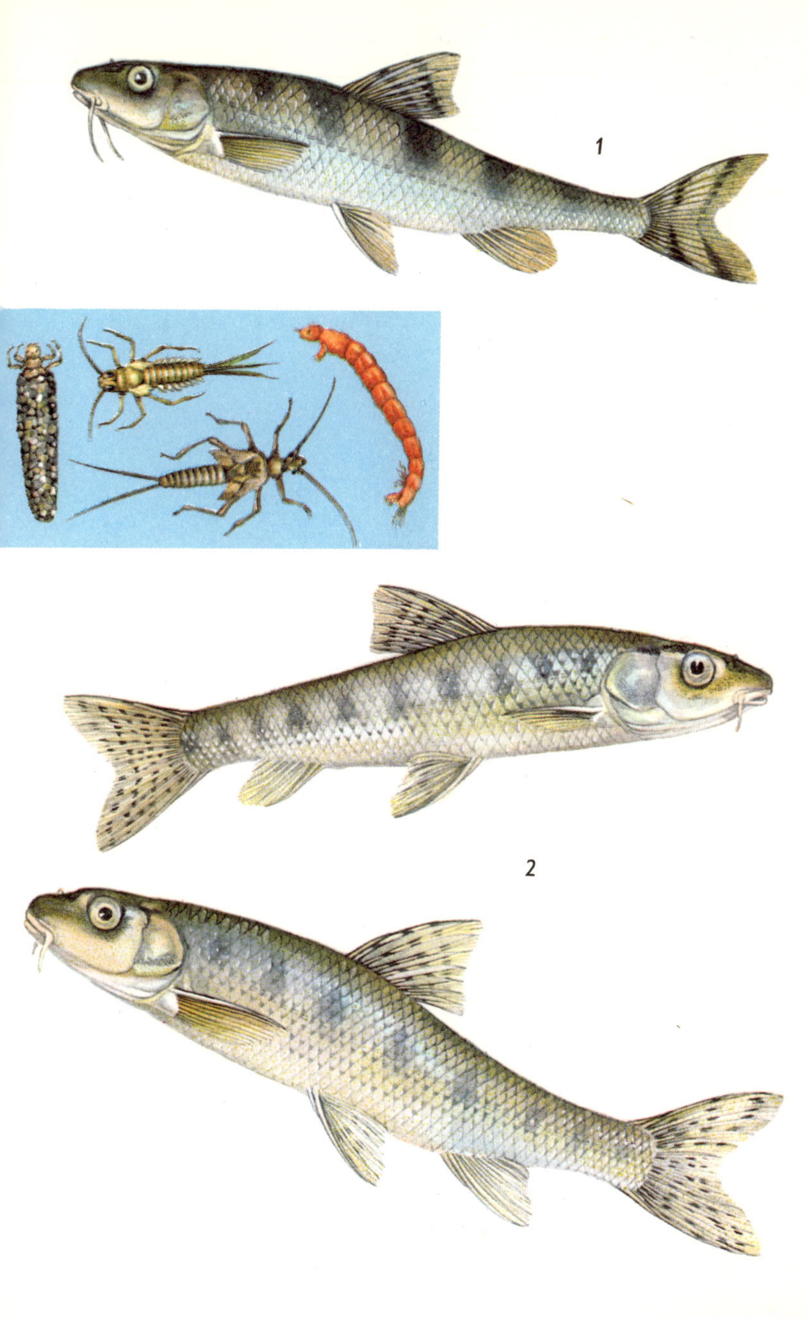
1
2

Barbe

Barbus barbus (L.)

Karpfenfische
Cyprinidae

Hundsbarbe

Barbus meridionalis RISSO

Der stattliche, bis ein Meter lange Karpfenfisch, die Barbe, lebt am Grund von Flüssen mit stärkerer Strömung. Die Barbe hat einen langgestreckten zylindrischen Körper und ein stark unterständiges Maul mit vier dicken Bartfäden. Der letzte harte Strahl der Rückenflosse hat einen gesägten Hinterrand. Die angelegte Afterflosse reicht nicht bis zur Basis der Schwanzflosse. Die Barbe laicht im Mai und Juni; zum Laichen wandert sie stromaufwärts an Stellen mit sandigem oder steinigem Grund. Sie hält sich in Schwärmen auf und ernährt sich von Bodentieren und Pflanzen.

Die Barbe kommt in West- und Mitteleuropa vor. In Irland, Dänemark, Skandinavien und Italien lebt sie nicht. In den Randbereichen ihres Verbreitungsgebietes bildet sie zahlreiche Unterarten (Spanien, Dalmatien, Ostbulgarien, Dnjestr-, Dnepr- und Buggebiet).

Die kleinere, nur etwa 30 cm lange Hundsbarbe lebt ebenfalls am Grund fließender sauberer Gewässer. Der letzte harte Strahl ihrer Rückenflosse ist glatt. Die Afterflosse ist hoch; wenn man sie nach hinten legt, reicht sie bis zum Stiel der Schwanzflosse.

Sie ist inselartig vom nördlichen Teil der Pyrenäenhalbinsel (wo die Unterart *B. meridionalis graellsi* lebt) bis nach Albanien, Griechenland und dem Peloponnes verbreitet. In der Oder, Weichsel und Donau, im Dnjestr und Wardar, in der Struma und Maritza lebt die Unterart *B. meridionalis petenyi*, Semling.

Barbus barbus
Länge:
maximal 1 m
Gewicht:
maximal 15 kg
Merkmale:
der letzte harte Strahl der Rückenflosse hat einen gesägten Hinterrand
die angelegte Afterflosse reicht nicht bis zum Stiel der Schwanzflosse

Barbus meridionalis
Länge:
maximal 30 cm
Gewicht:
maximal 500 g
Merkmale:
der letzte harte Strahl der Rückenflosse ist glatt
die Afterflosse ist hoch zurückgelegt reicht sie bis zum Stiel der Schwanzflosse

1 *Barbus barbus*
2 Detail des Kopfes
3 *Barbus meridionalis petenyi*

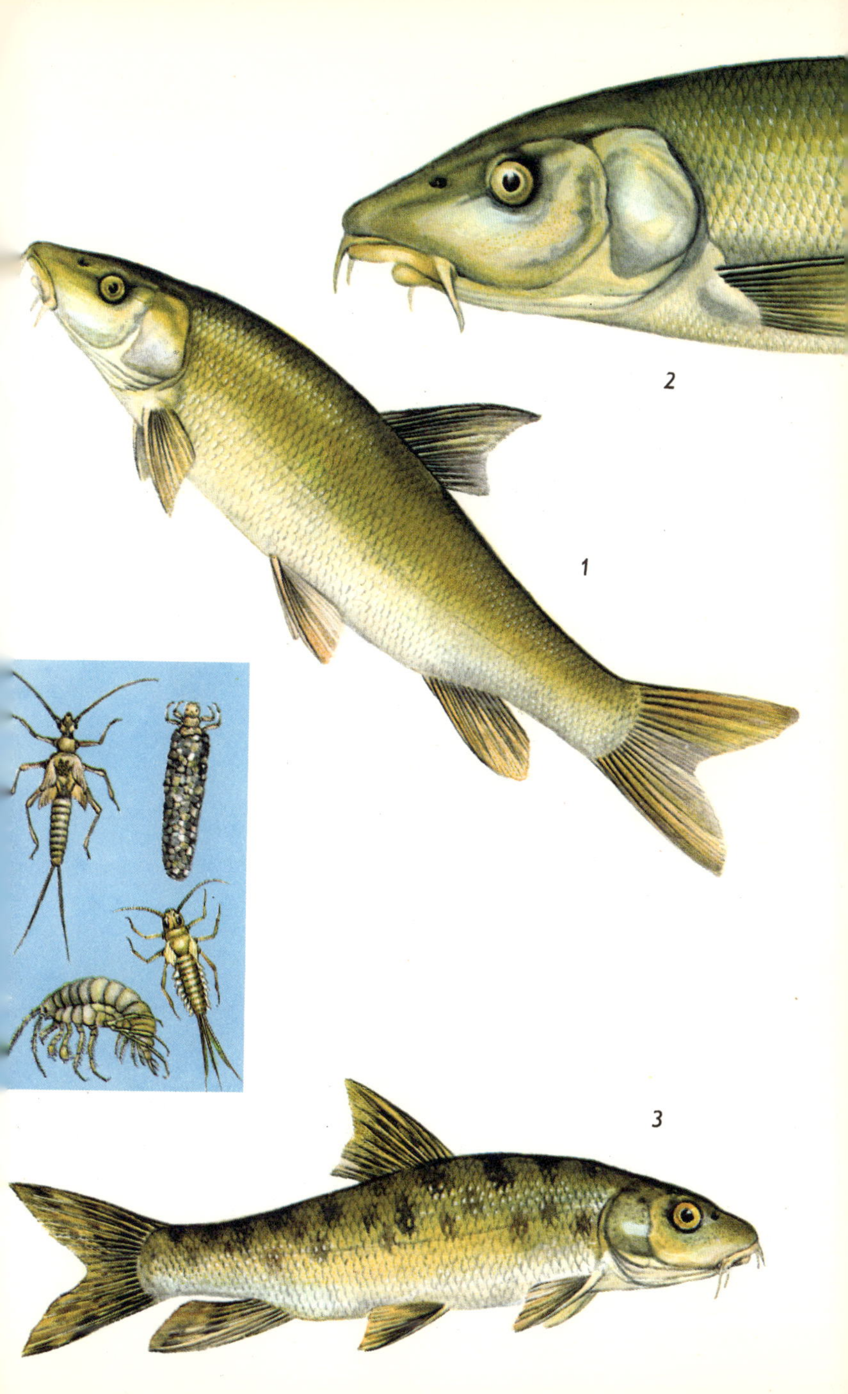
2
1
3

Ukelei Laube

Alburnus alburnus (L.)

Karpfenfische
Cyprinidae

Schneider

Alburnoides bipunctatus (BLOCH)

Ein kleinerer, ungefähr 15 cm langer Fisch mit oberständigem Maul und leicht ausfallenden Schuppen – das ist der Ukelei. Sein Rücken ist grüngrau oder grünblau, Seiten und Bauch sind silbrig, die Flossen an den Wurzeln gelblich. Der Bauch bildet hinter den Bauchflossen einen schuppenlosen Kiel. Der Ukelei lebt an tieferen Stellen des langsam fließenden Mittel- und Unterlaufes größerer Flüsse. Bei Tag hält er sich an der Wasseroberfläche auf und ernährt sich von Anfluginsekten. Er laicht im Mai an Wasserpflanzen. Die Brut ernährt sich von Plankton.

Der Ukelei kommt nördlich der Pyrenäen und Alpen in ganz Europa bis zum Ural vor, aber nicht in Irland und Schottland, in den nördlichen Teilen Skandinaviens, auf der Pyrenäen- und Apenninenhalbinsel und in Dalmatien.

1 *Alburnus alburnus*
Länge:
maximal 17 cm
Gewicht:
maximal 80 g
Merkmale:
sehr steil gestellte Maulspalte
die großen silberglänzenden Schuppen fallen leicht aus
hinter den Bauchflossen bildet der Bauch einen Kiel der nicht von Schuppen bedeckt ist

Der Schneider ist ein kleiner Karpfenfisch, der sich vom Ukelei durch den höheren Körper und den doppelten dunklen Streifen unterscheidet, der im Körpervorderteil die Seitenlinie säumt. Er lebt gemeinsam mit der Elritze an seichten Stellen in der Strömung der oberen Flußregionen und hält sich eher in den mittleren Wasserschichten auf. Er laicht im Mai und Juni. Seine Nahrung bilden Insekten und ihre Larven.

Der Schneider kommt von Frankreich bis zum Kaspischen Meer vor, nicht jedoch südlich der Alpen und der Pyrenäen, in Dänemark, in Nordeuropa und auf den Britischen Inseln.

2 *Alburnoides bipunctatus*
Länge:
maximal 15 cm
Gewicht:
maximal 60 g
Merkmale:
an den Seiten einen doppelten dunklen Streifen der die Seitenlinie im Vorderteil säumt
Körper höher als der des Ukeleis

1
2

Güster Blicke
Blicca bjoerkna (L.)

Karpfenfische
Cyprinidae

Die Güster ist ein Karpfenfisch mit sehr hohem, schmalem Körper, halbunterständigem Maul und relativ großen Augen. Der Rücken ist im Vorderteil nicht von Schuppen bedeckt, ebenso wie der Kiel hinter den Bauchflossen. Die älteren Exemplare haben einen dunkelgraugrünen Rücken, silbrige Seiten und einen weißen Bauch. Die Flossen sind an den Enden grau, die Wurzeln der Brust- und Bauchflossen sind rot oder orangefarben. Die Güster wird selten 35 cm lang.

Sie kommt am Grund des Unterlaufs größerer Flüsse, in Altarmen und Tümpeln, Buchten und manchen Teichen häufig vor. Die Fortpflanzung erfolgt von Ende April bis Juni. Als Nahrung der Güster sind Planktonorganismen, Algen und Larven der Wasserinsekten zu nennen. Die Güster lebt in Europa nördlich der Alpen und Pyrenäen bis nach Südskandinavien, kommt auch im östlichen Teil Englands und in den nördlich der Donau ins Schwarze Meer mündenden Flüssen vor.

Manchmal kreuzt sie sich mit anderen Karpfenfischen (Brachsen, Plötzen), die Nachkommen sind jedoch unfruchtbar. Ihre wirtschaftliche Bedeutung ist relativ gering, nur an manchen Flüssen und Teichen wird sie in größerer Zahl gefangen. In der Teichwirtschaft wird sie als unerwünschte Art angesehen, weil sie sich manchmal zu stark vermehrt. Das Wachstum ist ziemlich langsam.

Länge:
maximal 35 cm
Gewicht:
maximal 1 kg
Merkmale:
hoher schmaler Körper
Augen relativ groß
die Seiten sind auffallend silbrig und die Wurzeln der paarigen Flossen rötlich

1 Erwachsener Fisch
2 Jungfische

2
1

Blei Brachsen, Brassen
Abramis brama (L.)

Karpfenfische
Cyprinidae

Der Blei lebt in den Abschnitten großer Flüsse mit langsamer Strömung, in Staubecken und Seen. Er hat einen hohen schmalen Körper mit bleiblauem Rücken und silbrigen, bei älteren Fischen manchmal goldschimmernden Seiten. Die Flossen sind dunkel, schmutzig grau; die paarigen Flossen sind etwas heller, es fehlen in ihrer Färbung die Rottöne. Der Blei hat relativ kleine Augen. Er ist ein typischer Grundfisch, der reichen Pflanzenbewuchs liebt und auch ins Brackwasser geht. Die Brackpopulationen ziehen zum Laichen in die Flüsse. Der Blei laicht Ende April und im Mai hauptsächlich abends und in der Nacht an unter Wasser befindlichen Pflanzen oder anderen geeigneten Objekten (ins Wasser gefallenes Reisig). In der Laichzeit versammeln sich in Ufernähe riesige Schwärme, und die Männchen tragen am Körper und am Kopf einen auffallenden Laichausschlag. Mit seinem rüsselartig vorstreckbaren Maul durchsucht der Blei den schlammigen Grund. Die Nahrung des Bleis bilden Plankton- und Benthosorganismen. Er erreicht eine Länge von etwa 30 cm, ausnahmsweise auch von 75 cm und ein Gewicht von mehr als 6 kg.

Der Blei lebt in ganz Europa nördlich der Pyrenäen und Alpen, kommt jedoch nicht im Westen und Süden der Balkanhalbinsel und im westlichen sowie nördlichen Teil Skandinaviens vor. Im Gebiet des Kaspischen Meeres und des Aralsees lebt die Unterart *Abramis brama orientalis*, von der Donaumündung wurde die Unterart *Abramis brama danubii* beschrieben.

Länge:
maximal 75 cm
Gewicht:
maximal 11 kg
Merkmale:
hochrückiger seitlich stark zusammengedrückter Körper mit silbrigen oder goldenschimmernden Seiten
Flossen dunkel schmutziggrau
Augen relativ klein

1 Erwachsener Fisch
2 Detail des Kopfes mit Laichausschlag
3 Fisch beim Sammeln der Nahrung

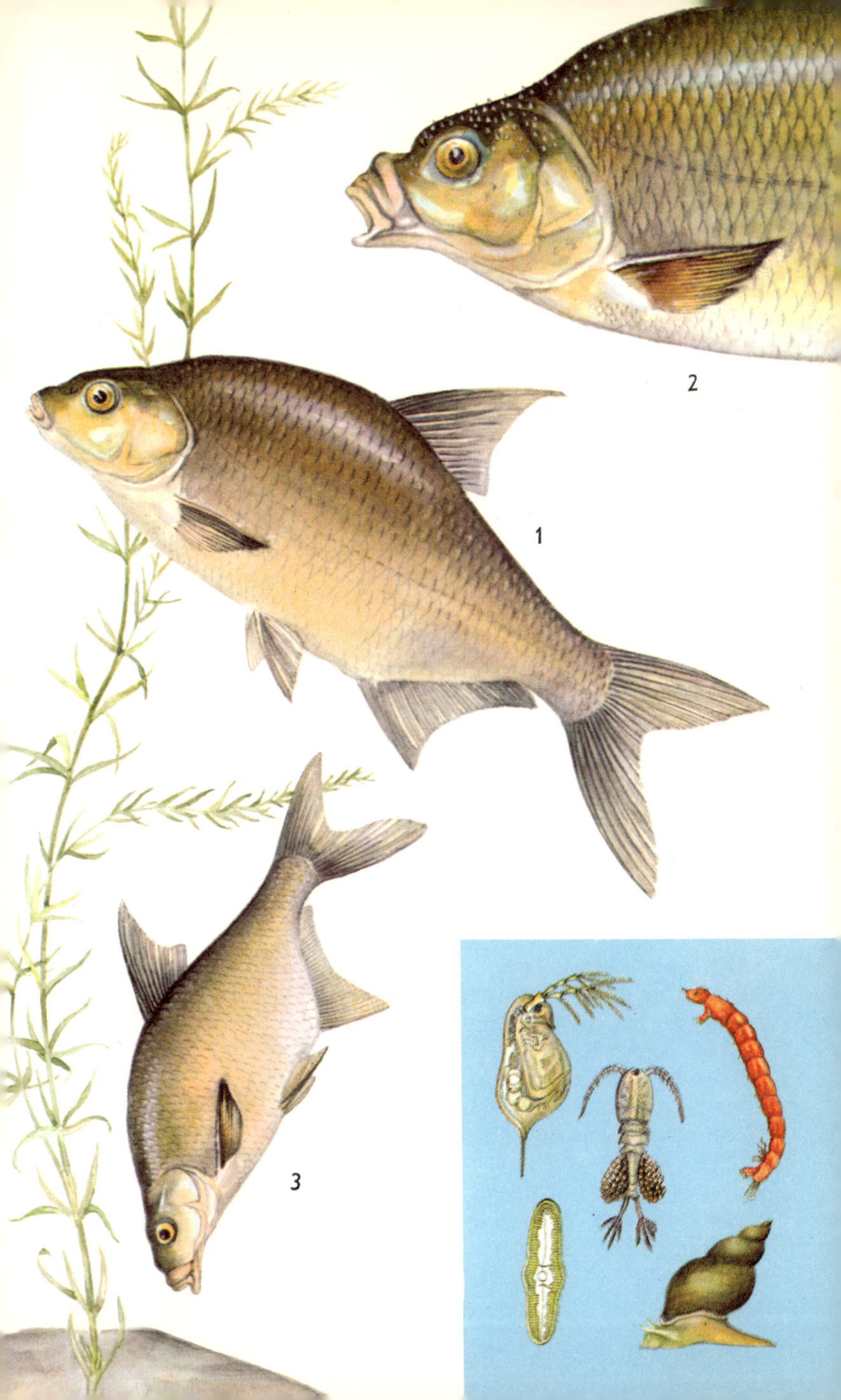
2
1
3

Zobel

Abramis sapa (PALLAS)

Zope

Abramis ballerus (L.)

Der Zobel ist ein relativ langer und hochrückiger, an den Körperseiten stark abgeflachter Fisch mit langer Afterflosse, mit halbunterständigem Maul und stumpfer Schnauze. Der Rücken ist graublau oder grünlich, die Seiten sind silbrig. Bekannt sind Stand- und Wanderpopulationen, beide laichen im April und Mai im Fließwasser an pflanzenreichen Uferstellen. Der Zobel ernährt sich hauptsächlich von kleinen Bodentieren, Insektenlarven und kleinen Mollusken, in geringem Maß auch von Pflanzen.

Er bewohnt die Zuflüsse des Schwarzen, des Kaspischen und des Asowschen Meeres sowie die Donau. Die Wanderpopulationen schwimmen nach dem Laichen ins Meer.

Die Zope ist dem Zobel ähnlich, hat jedoch ein endständiges Maul mit schräg nach oben gerichteter Spalte. Ihr Rücken ist dunkelblau oder grünlich, die Seiten sind silbrig weiß. Die nichtpaarigen Flossen sind grau, die paarigen gelblich, an den Enden dunkler. Die Zope lebt in kleineren Schwärmen in Flüssen und Seen. Ihre Hauptnahrung bildet Plankton, vor allem Wasserflöhe. Sie laicht im April und Mai zwischen Wasserpflanzen.

Die Zope bewohnt die Seen und Flußunterläufe im Bereich der Nord- und Ostsee von der Elbe bis zur Newa, die Flüsse Südschwedens und Finnlands und im Gebiet des Schwarzen Meeres von der Donau bis zum Uralfluß. Über die Donau gelangt sie nach Oberösterreich.

1 *Abramis sapa*
Länge:
maximal 30 cm
Gewicht:
maximal 800 g
Merkmale:
lange Afterflosse und halbunterständiges Maul
dicke stumpfe Schnauze
nichtpaarige Flossen grau
die paarigen gelblich

2 *Abramis ballerus*
Länge:
maximal 45 cm
Gewicht:
maximal 1,5 kg
Merkmale:
lange Afterflosse
Maul mittelständig mit nach oben gerichteter Spalte
nichtpaarige Flossen grau
paarige gelblich an den Enden dunkler

1
2

Zährte Rußnase

Vimba vimba (L.)

Karpfenfische
Cyprinidae

Die Zährte ist ein Karpfenfisch mit gestrecktem Körper und unterständigem Maul unter der fleischigen Schnauze. Am Bauch hinter den Bauchflossen hat sie einen schuppenlosen Kiel. Der Rücken ist blaugrau, der Bauch weiß. In der Laichzeit wird er dunkel, und der vordere Teil des Körpers sowie die paarigen Flossen sind orangefarben. Die Zährte laicht im Mai und Juni auf kiesigen Stellen im strömenden Wasser. Die Zährte ist teils Stand-, teils Wanderfisch, vor allem der Unterläufe langsam fließender Flüsse. Sie kommt auch in Seen vor. Ihre Hauptnahrung bilden wirbellose Bodentiere. Sie erreicht eine Länge von 30 bis 40 cm und ein Gewicht von über 1 kg.

Sie lebt in der Weser, in der Elbe und anderen Flüssen bis zur Newa, in Südfinnland und Schweden und bildet eine Reihe geographischer Rassen. In der Donau lebt die Unterart *Vimba vimba carinata*, in den südbulgarischen und oberösterreichischen Seen *Vimba vimba melanops*.

Länge:
maximal 40 cm
Gewicht:
maximal 2 kg
Merkmale:
charakteristisches unterständiges Maul mit fleischiger vorragender Schnauze hinter den Bauchflossen schuppenloser Kiel

1 *Vimba vimba*
2 Detail des Kopfes
3 Jungfisch

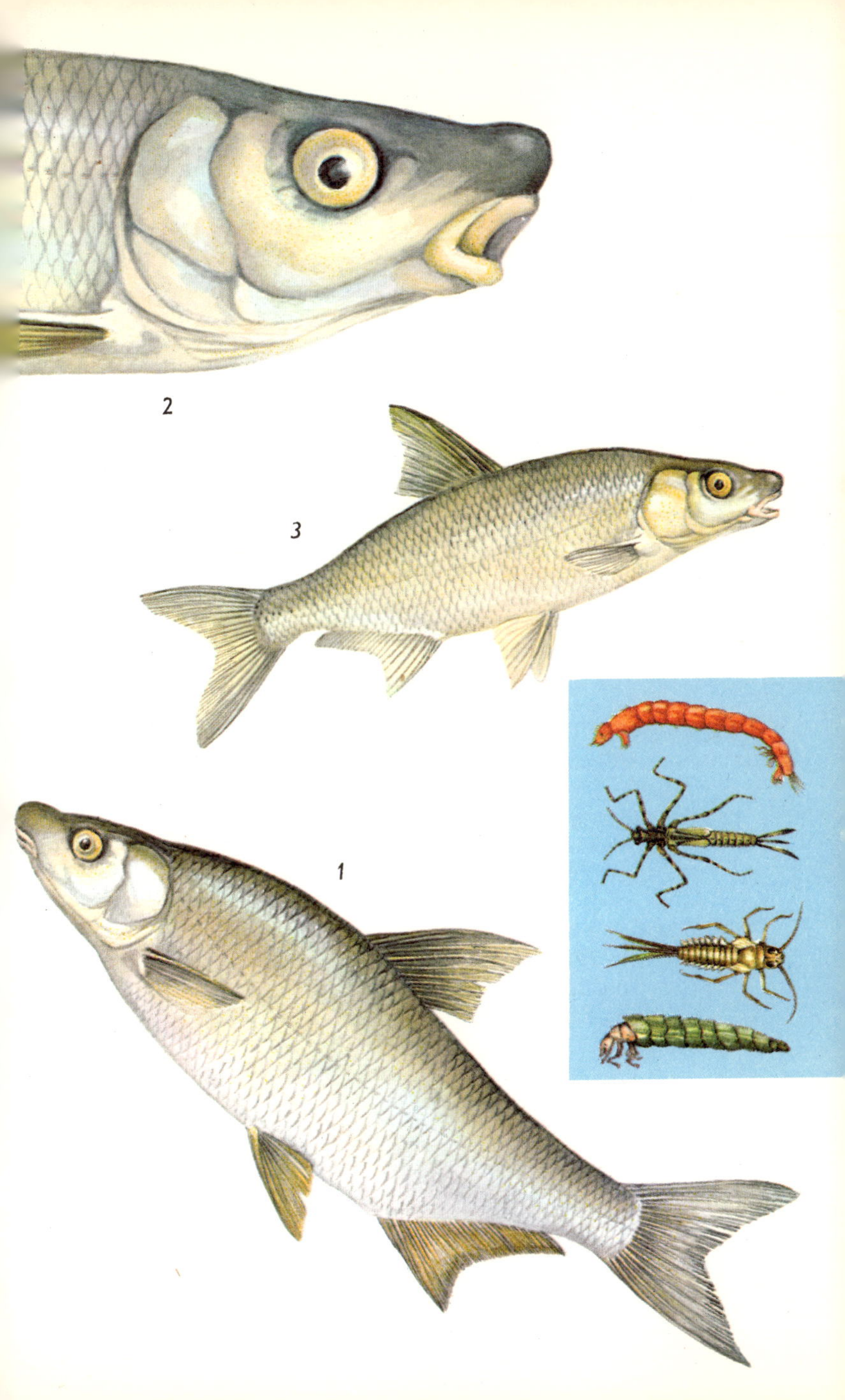
2
3
1

Ziege Sichling
Pelecus cultratus (L.)

Karpfenfische
Cyprinidae

Ein typischer Karpfenfisch der oberen Wasserschichten, die Ziege, kommt vor allem im Brackwasser der Ostsee und des Schwarzen Meeres häufig vor sowie auch im Aralsee und im Kaspischen Meer. Sie hat einen relativ langen, stark abgeflachten Körper mit auffallend durchgebogener Seitenlinie. Ihre Brustflossen sind auffallend lang, das Maul ist typisch oberständig. Die Rückenflosse ist sehr schmal und hoch. Ähnlich wie beim Ukelei fallen die Schuppen sehr leicht aus. Im Mai bis Juli wandert die Ziege aus dem Meer in die Flüsse zum Laichen; die Eier schwimmen frei im Wasser, sie sind pelagisch. Sie erreicht ausnahmsweise eine Länge von 60 cm und ein Gewicht von 2 kg, gewöhnlich aber nur von 30 cm und 500 g. Tagsüber hält sie sich hauptsächlich in Bodennähe auf, abends steigt sie an die Wasseroberfläche. Die jungen Fische leben von Plankton, gehen jedoch ziemlich bald zu kleinen Fischen über; einen beträchtlichen Teil ihrer Nahrung bilden auf der Wasseroberfläche schwimmende Insekten.

Die Ziege ist relativ häufig in der Donau bis nach Bratislava (Preßburg) und in den Unterläufen der Donauzuflüsse (Nitra, Bodrog, Latorica usw.) anzutreffen.

Länge:
maximal 60 cm
Gewicht:
maximal 2 kg
Merkmale:
langer seitlich abgeflachter Fisch mit oberständigem Maul und auffallend durchgebogener Seitenlinie
sehr lange Brustflossen

1 Erwachsener Fisch
2 Detail des Kopfes
3 Ansicht von unten

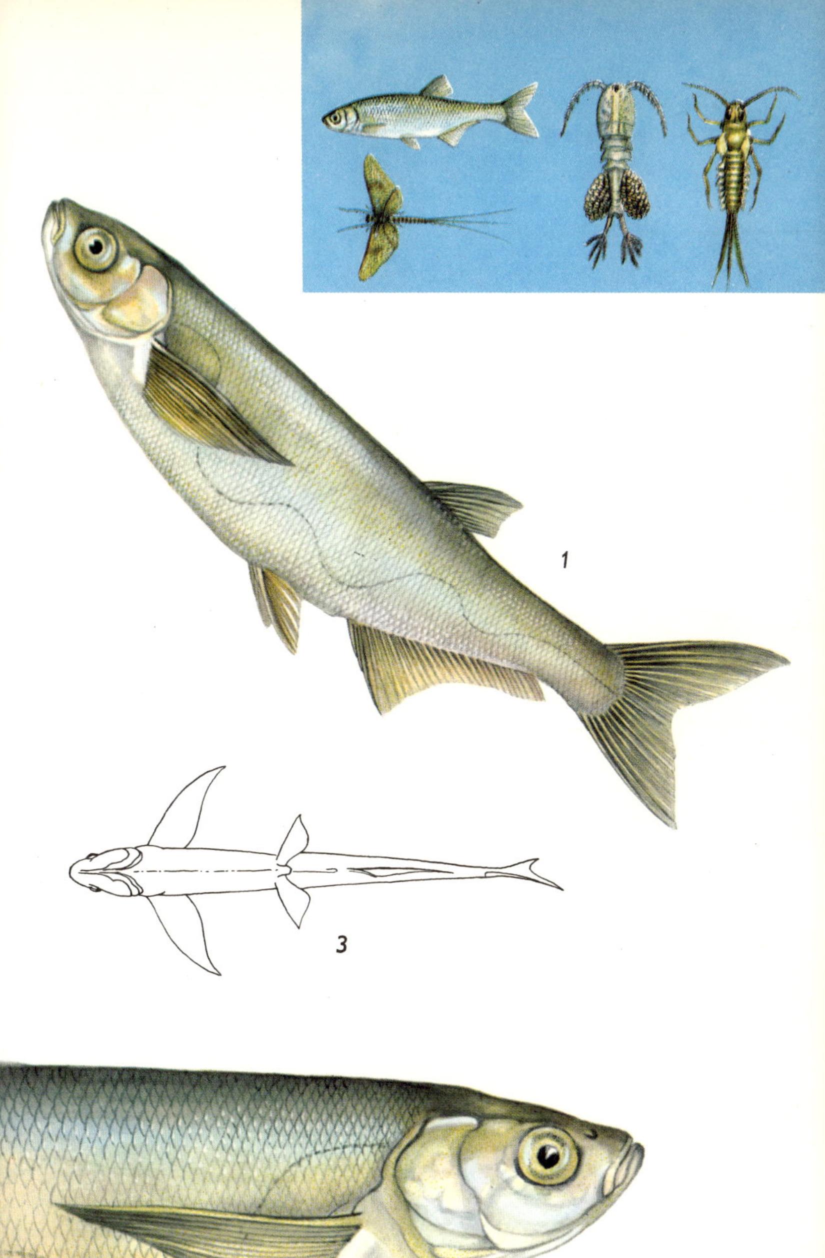
1
3
2

Karausche

Carassius carassius (L.)

Karpfenfische
Cyprinidae

Ein dem Karpfen ähnlicher Fisch, der sich von ihm jedoch auf den ersten Blick darin unterscheidet, daß er keine Bartfäden hat. Die Grundfarbe ist golden oder schmutzig grün, am Rücken dunkler, an den Seiten in Gelb übergehend. Die Rücken- und Schwanzflosse sind braun, die paarigen Flossen gelbbraun, häufig rötlich. Der letzte, harte, nicht verzweigte Strahl der Rückenflosse ist hinten dicht und fein gezähnt. Die Karausche erreicht eine Länge von 40 cm und ein Gewicht von mehr als 1 kg. Sie lebt in den Altarmen und Tümpeln der Flußunterläufe und in Sümpfen. Sie hält sich meistens am Grund auf, ihre Hauptnahrung bilden kleine wirbellose Wassertiere. Sie erträgt einen hohen Grad von Sauerstoffmangel und überwintert in manchen Gewässern ganz ohne Sauerstoff. Das Ablaichen erfolgt im Mai und Juni an flachen Stellen mit reichlichem Pflanzenwuchs.

An ungünstigsten Stellen begegnet man einer Kümmerform *(Carassius carassius* m. *humilis),* die sehr langsam wächst und sich durch einen niedrigeren Körper auszeichnet. Die Kümmerform hat einen dunklen Fleck am Schwanzstiel, der sonst nur für junge Exemplare charakteristisch ist.

Die Karausche kommt von England über Nordostfrankreich in allen Flüssen vor, die in die Nord- und die Ostsee münden. Häufig wurde sie in Karpfenteiche versetzt.

Länge:
maximal 40 cm
Gewicht:
maximal 1 kg
Merkmale:
keine Bartfäden
Epithel der Bauchhöhle hell pigmentfrei
der letzte harte Strahl der Rückenflosse ist hinten dicht und fein gezähnt

1 *Carassius carassius*
2 *Carassius carassius* m. *humilis*

1
2

Giebel

Carassius auratus gibelio (BLOCH)

Karpfenfische
Cyprinidae

Der Giebel ähnelt der Karausche, hat jedoch am letzten, harten Strahl der Rückenflosse eine geringe Anzahl relativ großer Zähne und schwarz pigmentiertes Epithel der Bauchhöhle. Auch seine Färbung ist etwas anders: sein Rücken ist schwarzgrau; an den Seiten ist er silbrig, manchmal mit einem goldenen Schimmer, oder auch dunkel gefärbt. Die Rücken- und Schwanzflosse sind schwarzgrau. Man findet ihn oft mit der Karausche vergesellschaftet. Das Laichen erfolgt von Mai bis Juli. Bei den Giebeln der Randzone ihres Verbreitungsgebietes wurde eine seltsame Erscheinung beobachtet: stellenweise begegnet man nur Weibchen, die sich in der Weise vermehren, daß ihre Eier von anderen verwandten Fischarten befruchtet werden, und zwar hauptsächlich von Karpfen und Karauschen. Die entstehende Nachkommenschaft wird wiederum ausschließlich von Giebelweibchen gebildet, trägt also kein Merkmal der anderen Fischart. Die Nahrung des Giebels bildet außer tierischen Komponenten auch eine relativ große Menge Wasserpflanzen.

Der Giebel stammt aus Ostasien und Sibirien, heute ist er in Ost-, Mittel- und Nordeuropa verbreitet, und seine Verbreitung schreitet nach Westen vor. Da er sich nicht leicht von der Karausche unterscheiden läßt, ist seine Verbreitung bisher auch nicht genau bekannt. Der in Teichen gehaltene sogenannte Goldfisch ist eine heimisch gewordene Abart der ostasiatischen Goldkarausche aus China, Korea und Japan *(Carassius auratus auratus)*.

Länge:
maximal 35 cm
Gewicht:
maximal 1,2 kg
Merkmale:
Epithel der Bauchhöhle schwarz pigmentiert an dem letzten harten Strahl der Rückenflosse eine kleinere Zahl ziemlich großer Zähne (10 bis 15)

1 *Carassius auratus gibelio*
2 *Carassius auratus auratus*

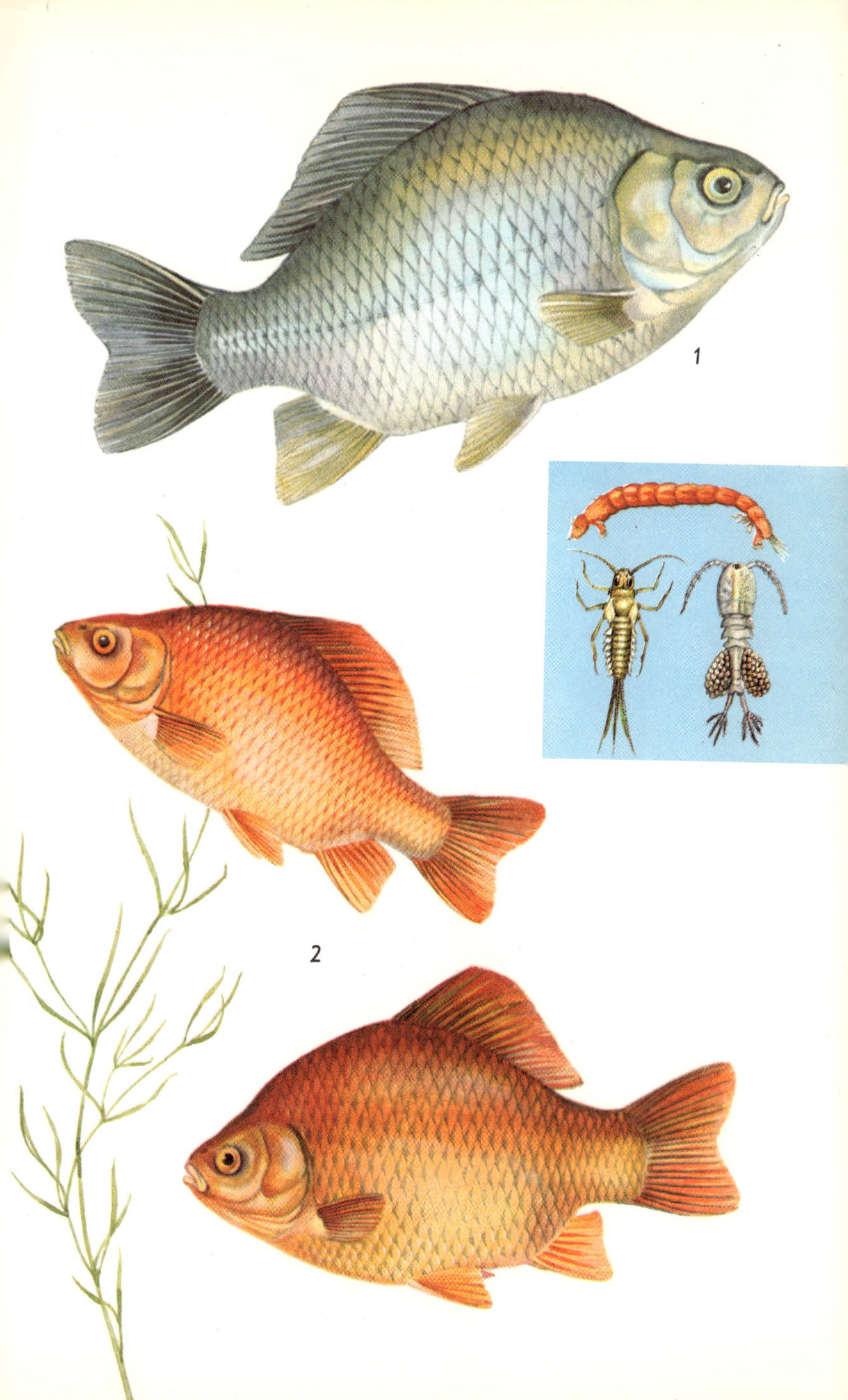
1
2

Karpfen

Cyprinus carpio (L.)

Karpfenfische

Cyprinidae

Der bekannte Karpfen stammt aus dem Einzugsgebiet des Schwarzen und Kaspischen Meeres. Als beliebtester Teichfisch hat er in ganz Europa Verbreitung gefunden. Er wird bis 120 cm lang und über 30 kg schwer, hat große Schuppen, eine lange Rückenflosse und eine kurze Afterflosse. Am Maul hat er vier Bartfäden. Der ursprüngliche Wildkarpfen *(Cyprinus carpio* m. *hungaricus)* hat einen langen, beschuppten zylindrischen Körper. Er lebt in der Donau und manchen Donauzuflüssen. Der Karpfen laicht im Mai und Juni, die Eier werden an Wasserpflanzen oder überschwemmtes Gras in Ufernähe angeklebt; die Brut ernährt sich von Zooplankton, später, wenn sie ungefähr 2 cm groß wird, auch von Bodentieren. In Gewässern mit starkem Pflanzenwuchs ernährt sich der Karpfen auch von Wasserpflanzen. In Europa ist er der wirtschaftlich bedeutendste Süßwasserfisch, und die Zuchtformen des Karpfens werden in Teichen gehalten, in Flüsse, Staubecken und wärmere Seen ausgesetzt. Der Karpfen kreuzt sich leicht mit der Karausche. Die Nachkommen haben zwei Paar sehr kurze Barteln, wachsen langsamer als der Karpfen und sind gewöhnlich unfruchtbar.

In den letzten Jahrzehnten werden in der Teichwirtschaft Wildkarpfenformen zur Kreuzung mit Zuchtformen verwendet. Diese Bastarde sind widerstandsfähiger gegen Infektionskrankheiten und wachsen sehr gut.

Länge:
maximal 120 cm
Gewicht:
maximal 30 kg
Merkmale:
Fisch
mit großen
Schuppen
lange Rücken-
und kurze
Afterflosse
am Maul
vier fleischige
Bartfäden

1 Wildform aus der Donau
2 Ansicht von oben
3 Schuppe

1
2
3

Karpfen

Cyprinus carpio L.

Karpfenfische

Cyprinidae

Bei den heimisch gewordenen Karpfen begegnet man den unterschiedlichsten Beschuppungsformen: Die am häufigsten gehaltenen Teichkarpfen sind die sogenannten *Spiegelkarpfen,* deren Körper mit unregelmäßig verteilten „Spiegelschuppen" bedeckt ist. Die *Zeilkarpfen* haben an den Seiten eine Schuppenreihe und eine ähnliche Schuppenreihe manchmal längs der Wurzel der Rückenflosse. Der *Nackt-* oder *Lederkarpfen* ist entweder ganz ohne oder nur mit wenigen Schuppen unter der Rückenflosse und an den Wurzeln der anderen Flossen.

Der Karpfen ist der wertvollste Wirtschaftsfisch, der auch von Angelsportlern an den freien Gewässern, wo er ausgesetzt wird, geschätzt wird. Die Teiche, in denen Karpfen gehalten werden, werden wie Felder oder andere landwirtschaftliche Nutzflächen bewirtschaftet. Um eine möglichst umfassende Entfaltung der Kleinfischnahrung und dadurch ein rascheres Wachstum der Karpfen zu erzielen, werden die Sommerteiche (die im Sommer trockengelegt werden) von unerwünschtem Pflanzenwuchs befreit und mit organischen sowie anorganischen Düngemitteln gedüngt; die Wassergüte wird chemisch beeinflußt.

In Flüsse und Stauseen werden die Karpfen entweder als sogenannte Brut, d.h. kleine Fische mit einem Stückgewicht von 30 bis 50 g, oder als Besatz ausgesetzt, d.h. einjährige Karpfen von 200 bis 500 g Gewicht.

Länge:
maximal 120 cr
Gewicht:
maximal 30 kg
Merkmale:
Fisch mit
großen
Schuppen
lange Rücken-
und kurze
Afterflosse
am Maul
vier fleischige
Bartfäden

1 Teichform
sog.
Spiegelkarpfen
2 Schuppe

1
2

Karpfen

Cyprinus carpio L.

Karpfenfische

Cyprinidae

Die Karpfenzucht besitzt in den Teichen Europas eine sehr alte Tradition, wobei die Teiche nach dem Zweck eingeteilt werden: die sogenannten Laichteiche sind kleine Behälter, häufig auch mit Gras bewachsene Becken, in die die Elternfische zum Laichen ausgesetzt werden. Nach dem Laichen werden sie herausgefangen. Wenn die Karpfen-Dottersackbrut aus den Eiern geschlüpft ist und den Dottersack aufgezehrt hat, wird sie mit feinen Netzen abgefischt und in die sogenannten Brutteiche überführt. Dort bleibt die Brut bis zum Herbst und wird dann erneut herausgefangen und in die tiefen Kammerteiche gebracht, in denen sie überwintert. Im Frühjahr wird sie in die Brutstreckteiche ausgesetzt und im Herbst des darauffolgenden Jahres, wenn die Karpfen nun bereits 200 bis 500 g je Stück wiegen, wiederum herausgefangen und den Winter über in die Kammerteiche gesetzt. In diesem Abschnitt werden die Karpfen als Besatz bezeichnet. Im dritten Jahr kommen die Karpfen in die Hauptteiche, große Teiche, wo sie bis zum Herbst das Gewicht von Konsumfischen, d.h. von 1,5 bis 3 kg, erreichen. Während der Zucht in den Teichen werden die Karpfen mit natürlichen Futtermitteln (Erbsen, Korn, Lupine) oder speziellen Futtergemischen zusätzlich gefüttert.

Für die Züchtung werden die sogenannten Elternkarpfen benutzt, Fische mit einem Gewicht von 5 bis 10 kg, die stabile genetische Eigenschaften besitzen. Auf diese Weise gewinnen die Teichwirte reine Karpfenrassen.

Länge:
maximal 120 cm
Gewicht:
maximal 30 kg
Merkmale:
Fisch mit
großen
Schuppen
lange Rücken-
und kurze
Afterflosse
am Maul
vier fleischige
Bartfäden

1 Teichform
sog. Schuppenkarpfen
2 Dottersackbrut

2
1

Karpfen

Cyprinus carpio (L.)

Karpfenfische

Cyprinidae

Die Bewirtschaftung der Karpfenteiche erinnert in mancher Hinsicht an die landwirtschaftliche Bewirtschaftung der Felder oder Wiesen. Die Teiche werden von Zeit zu Zeit den Sommer oder Winter über trockengelegt (sogenanntes Sömmern oder Wintern der Teiche); beim Sömmern wird der Boden des Teiches gepflügt und gedüngt und mit verschiedenen Kulturen bebaut (Klee, Luzerne usw.), die im Herbst häufig unter Wasser gesetzt werden (sogenannte Gründüngung der Teiche).

Die Teichwirte sorgen dafür, daß die Teichproduktion möglichst groß ist. Durch geeignete Düngung vermehren sich die kleinsten Wasserorganismen, die den Karpfen als Nahrung dienen. Von Zeit zu Zeit werden die Teiche melioriert, d.h. mit schweren Maschinen für Erdarbeiten werden die Ränder mit den harten Pflanzenbeständen abgetragen, um die ganze Teichfläche nutzen zu können. Im Sommer mähen die Fischer mit speziellen Mähbooten Schilf und andere Uferbestände. Im Winter werden im Teich verschiedene mechanische Anlagen installiert, die die Eisbildung erschweren und die ständige Erneuerung des Sauerstoffes im Wasser ermöglichen. Beim herbstlichen Abfischen der Teiche wird zunächst das Wasser abgelassen (das Abschwimmen der Fische wird durch dichte Rechen am Ablaß verhindert), und danach werden die Karpfen, die sich an der tiefsten Stelle sammeln, mit Zugnetzen gefangen, mit Keschern in Bottiche sortiert und mit Lastkraftwagen abtransportiert.

Länge:
maximal 120 cm
Gewicht:
maximal 30 kg
Merkmale:
Fisch mit großen Schuppen
lange Rücken- und kurze Afterflosse
am Maul vier fleischige Bartfäden

1 Teichform sog. Lederkarpfen
2 Karpfenlaus (Argulus)
3 Windentfroster

3
1
2

Gewöhnlicher Tolstolob

Hypophthalmichthys molitrix (VAL.)

Karpfenfische
Cyprinidae

Graskarpfen Amurkarpfen

Ctenopharyngodon idella (VAL.)

Der Gewöhnliche Tolstolob ist ein Karpfenfisch mit einem Bauch, der vom Hals bis hinter die Afteröffnung einen scharfen schuppenlosen Kiel bildet. Die Augen liegen ungewöhnlich niedrig am Kopf. Seine Eier sind pelagisch, die Strömung trägt sie fort. Die erwachsenen Fische ernähren sich fast ausschließlich von pflanzlichem Plankton, sie wachsen sehr rasch.

Der Tolstolob bewohnt das ausgedehnte Gebiet Ostasiens vom Amur in der UdSSR bis zu den Flüssen der südchinesischen Provinz Kanton. In China wird er von alters her in Teichen gezüchtet, in den letzten Jahren häufig auch in Europa akklimatisiert. In Europa wird dieser Fisch vorläufig in Teichen gehalten, von wo er manchmal in freie Gewässer übergeht (Donau).

Der Graskarpfen hat einen langen, seitlich etwas abgeplatteten Körper und große Schuppen. Der Kopf ist breit, das Maul halbunterständig. An den Kiemen findet man ausgeprägte strahlenartige Rillen. Er laicht im Frühjahr, seine Eier sind pelagisch.

Der Graskarpfen ernährt sich überwiegend von Wasserpflanzen. In den Teichen wird er zusätzlich mit Wirtschaftspflanzen gefüttert, zum Beispiel mit Klee und Luzerne.

Ursprünglich kam er im Mittel- und Unterlauf des Amur und seinen Zuflüssen vor. In China, südlich von Kanton, wird er in Teichen gezüchtet. Vor mehreren Jahrzehnten wurde er zum ersten Mal in der UdSSR akklimatisiert. Von dort gelangte der Besatz in den letzten Jahren in viele andere Länder Europas.

1 *Hypophthalmichthys molitrix*
Länge:
maximal 1 m
Gewicht:
maximal 10 kg
Merkmale:
der Bauch bildet vom Hals bis zur Afteröffnung einen scharfen schuppenlosen Kiel
das Auge liegt sehr niedrig
am Unterkiefer eine Erhebung die in eine Vertiefung im Oberkiefer einpaßt

2 *Ctenopharyngodon idella*
Länge:
maximal 130 cm
Gewicht:
maximal 32 kg
Merkmale:
endständiges großes Maul und gestreckter fast spindelförmiger Körper
an den Kiemen deutliche strahlenförmige Rillen

1
2

Schlammpeitzger

Misgurnus fossilis (L.)

Schmerlen
Cobitidae

Schmerle Bartgrundel

Noemacheilus barbatulus (L.)

Der Schlammpeitzger ist ein langgestreckter Fisch mit hinten seitlich zusammengedrücktem Körper. Er hat zehn Bartfäden, 6 am Oberkiefer, 4 am Unterkiefer. Er lebt am Grund schlammiger stehender Gewässer, in den Buchten der Flüsse und in Teichen. Bei plötzlichen Änderungen des Luftdrucks kommt er an die Oberfläche und bewegt sich lebhaft. Wenn im Wasser Mangel an Sauerstoff herrscht, schluckt er Luft und nimmt aus ihr durch die Darmschleimhaut Sauerstoff auf. Er laicht im Mai; die ausschlüpfenden Larven besitzen fadenförmige äußere Kiemen.

In Europa lebt der Schlammpeitzger von der Seine bis zur Newa und von der Donau bis zur Wolga. Er kommt nicht in den Zuflüssen des Nördlichen Eismeers, in England, Skandinavien, Finnland und Südeuropa vor.

Die Schmerle ist ein kleiner, 10 bis 18 cm langer Fisch mit drehrundem, dunkelmarmoriertem Körper und sechs Bartfäden auf dem Oberkiefer. Der Rücken ist grünlich oder bräunlich, die Seiten sind gelblich mit unregelmäßigen schwarzbraunen Flecken. Die Schmerle lebt am Grund strömender Gewässer und von Teichen sowie Seen, gewöhnlich verbirgt sie sich unter Steinen und Wurzeln. Sie laicht im Mai auf sandigen oder steinigen Stellen. Sie lebt meistens von den Larven der Wasserinsekten, zum Beispiel Zuckmücken. Die Schmerle ist vorwiegend ein Nachtfisch.

Sie kommt in ganz Europa vor, mit Ausnahme von Nordschottland, den nördlichen Gebieten Skandinaviens, von Süd- und Mittelitalien und Griechenland.

Misgurnus fossilis
Länge:
maximal 35 cm
Gewicht:
maximal 150 g
Merkmale:
langgestreckter Fisch mit walzenförmigem hinten seitlich zusammengedrücktem Körp
10 Bartfäden
Längsbinden

Noemacheilus barbatulus
Länge:
maximal 18 cm
Gewicht:
maximal 80 g
Merkmale:
gestreckter walzenförmiger Körper mit dunkler Marmorierung
auf dem Oberkiefer
6 Bartfäden
sehr kleine Schuppen

1 *Misgurnus fossilis*
1a Brut
2, 3 *Noemacheilus barbatulus*

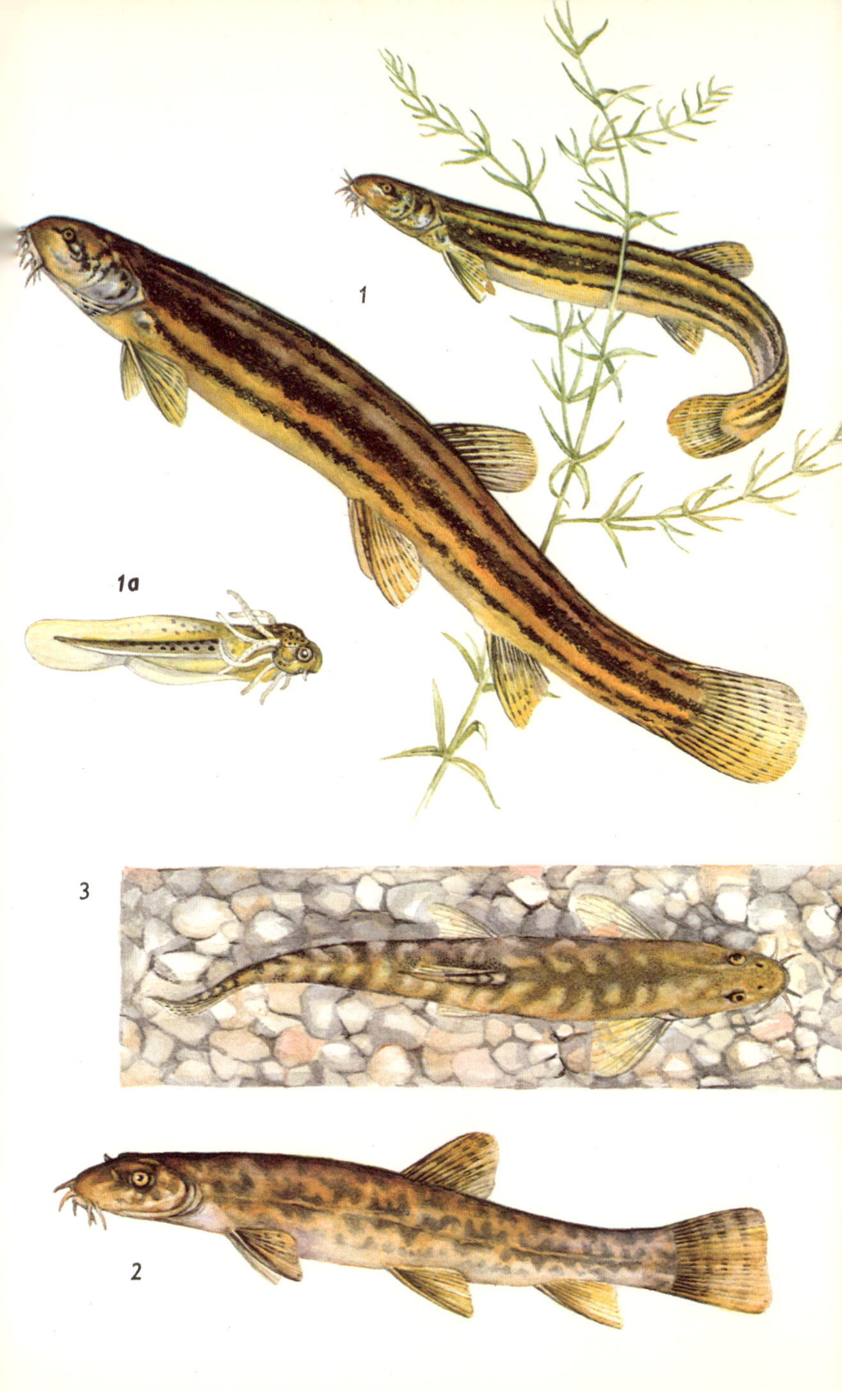
1
1a
3
2

Goldsteinbeißer

Sabanajewia aurata (DE FILIPPI)

Schmerlen
Cobitidae

Steinbeißer Dorngrundel

Cobitis taenia (L.)

Der Goldsteinbeißer ist höchstens 10 cm lang. Er ist schlank und seitlich abgeflacht, hat sechs Bartfäden am Maul und einen beweglichen Dorn unter dem Auge. An den Seiten 8 bis 15 rechteckige Flecken, Schwanzstiel mit Hautkiel. Er lebt zwischen Steinen und Kies im tieferen strömenden Wasser des Mittel- und Unterlaufs der Flüsse und laicht im April und Mai. Seine Nahrung findet er am Boden.

Er kommt im nördlichen Iran und in den benachbarten Teilen der UdSSR, in Anatolien und im Einzugsgebiet des Don, im Donaubekken und auf dem Balkan vor, wo er verschiedene geographische Rassen bildet.

Der Steinbeißer ist ein 6 bis 7 cm, selten auch 10 cm langer Fisch mit schlankem gestrecktem und seitlich stark zusammengedrücktem Körper und Kopf; am Unterkiefer hat er 6 kurze Bartfäden, unter dem Auge einen beweglichen, zweispitzigen Dorn. An den Seiten befinden sich 14 bis 16 kleine dunkle Flecken, am oberen Teil der Schwanzflossenwurzel ein deutlicher schwarzer Fleck. Er lebt am Grund stehender und langsam fließender Gewässer und gräbt sich tagsüber meist bis zum Kopf in den Sand ein. Das Ablaichen erfolgt im April und Mai; die Nahrung bilden wirbellose Bodentiere.

Man findet den Steinbeißer in ganz Europa mit Ausnahme Norwegens, Nordschwedens und Finnlands sowie der UdSSR, Schottlands, Irlands und des Peloponnes. In Europa bildet er zahlreiche geographische Rassen bzw. Unterarten.

1 *Sabanajewia aurata*
Länge:
maximal 10 cm
Gewicht:
maximal 5 g
Merkmale:
6 Bartfäden
an den Seiten 8 bis 14 große dunkle quadratische Flecken zwischen der Rücken- und Schwanzflosse
Hautkiel

2 *Cobitis taenia*
Länge:
maximal 10 cm
Gewicht:
maximal 5 g
Merkmale:
6 kurze Bartfäden
an den Seiten 14 bis 16 dunkle Flecken
am oberen Teil der Schwanzflossenwurzel deutlicher dunkler Fleck

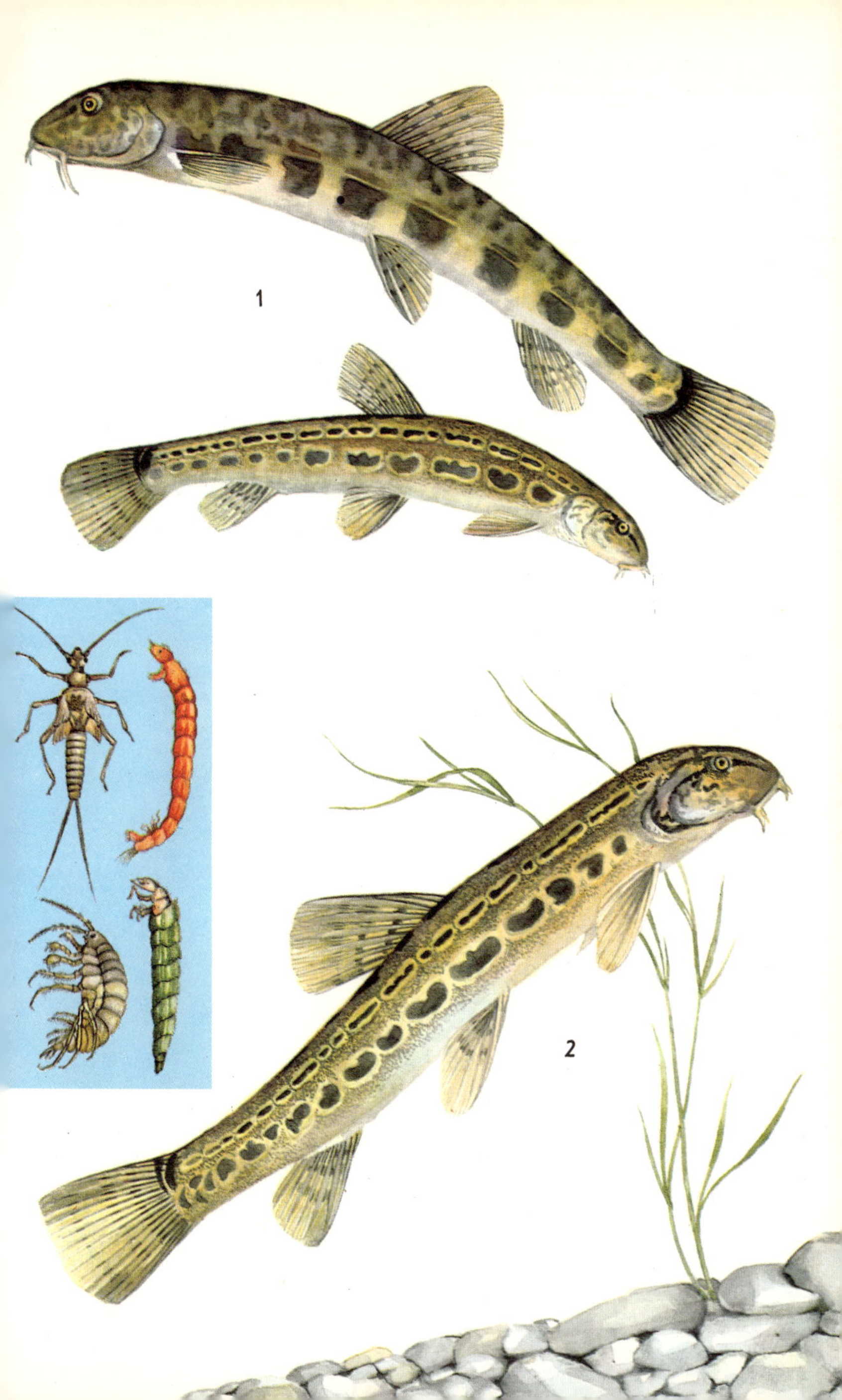
1
2

Wels Waller
Silurus glanis (L.)

Welse
Siluridae

Der Wels hat einen langen schuppenlosen Körper, eine kleine Rückenflosse und abgerundete Schwanzflosse, die von der sehr langen Afterflosse berührt wird. Um das Maul hat der Wels drei Paar Bartfäden, das Paar am Oberkiefer ist sehr lang. Der Rücken ist dunkel, einfarbig olivengrün oder blaugrau, die Seiten sind häufig marmoriert. Der Wels bewohnt größere Flüsse, Staubecken und Seen und hält sich meist im tiefen Wasser in Bodennähe auf. Er laicht im Mai bis Juli an seichten Uferstellen, wo die Weibchen einfache Nester herrichten. Nach dem Laichen bewacht das Männchen die Eier und die junge Brut. Tagsüber verbirgt sich der Wels meist am Grund der Gewässer, in der Nacht wird er rege und sucht Nahrung an der Oberfläche. Er lebt von verschiedenen Fischarten, kleinen Säugetieren und Wasservögeln. Er wächst sehr rasch; in Europa erreicht er eine Länge von etwa 2 m und ein Gewicht von mehr als 50 kg. Stellenweise, zum Beispiel in der Donau, gibt es jedoch viel größere Welse. Die jungen Welse halten sich häufig in Schwärmen auf, die erwachsenen sind Einzelgänger.

In Europa kommt der Wels östlich vom Oberlauf des Rheins, in der Elbe, in den in die Ostsee mündenden Flüssen, in den Zuflüssen des Schwarzen Meeres und des Kaspischen Meeres vor. In Dänemark ist er selten. In Griechenland findet man eine verwandte Art, den Aristoteleswels — *Silurus aristotelis.*

Länge:
maximal 3 m
Gewicht:
maximal 300 kg
Merkmale:
schuppenloser Fisch mit kurzer Rückenflosse
die abgerundete Schwanzflosse berührt die Afterflosse
drei Paar Bartfäden
das Paar am Oberkiefer ist sehr lang
Maul breit
Kopf oben abgeplattet

1 Erwachsene Fische
2 Dottersackbrut
3 Detail des Kopfes

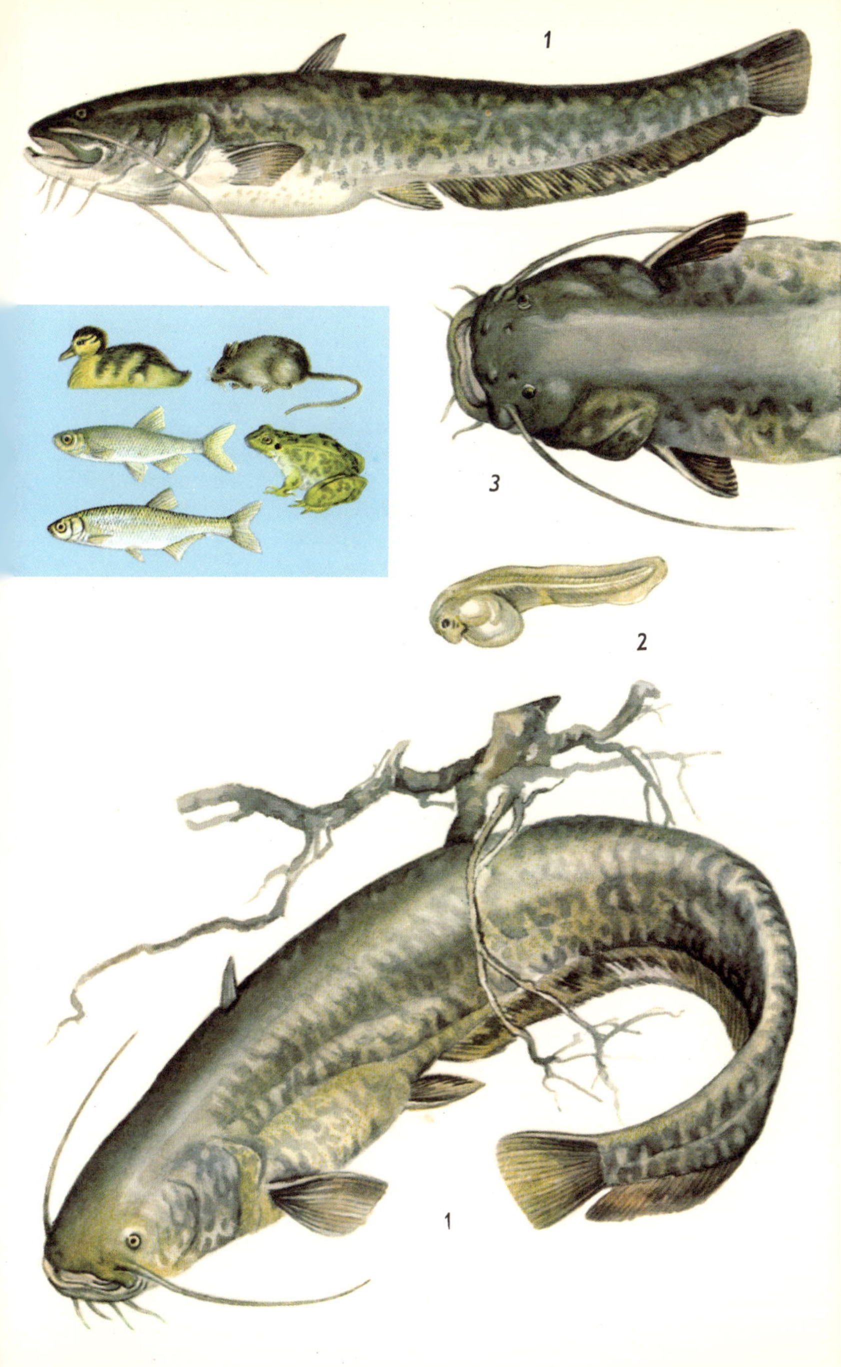
1
3
2
1

Zwergwels

Ictalurus nebulosus (LE SUEUR)

Zwergwelse

Ictaluridae

Der Zwergwels ist ein nordamerikanischer Fisch, der um die Jahrhundertwende in den europäischen Gewässern ausgesetzt wurde und sich in manchen Gebieten stark vermehrt hat. Er ähnelt dem Wels, hat jedoch zwischen der Rücken- und der Schwanzflosse eine kleine strahlenlose Fettflosse. Um das Maul hat er 8 lange Barteln. Sein Rücken ist braungrün, manchmal schwärzlich, die helleren Seiten weisen einen Goldschimmer auf, der Bauch ist weiß, in der Laichzeit gelb bis orangefarben. In den Rücken- und in den Brustflossen hat er starke dornenartige Strahlen. Er laicht vom April bis Juni. Die cremefarbenen Eier legt er in eine flache Laichgrube. Das Männchen bewacht die Eier, später auch die Jungfische. Nach dem Laichen kann man häufig Schwärme schwarzer Jungfische beobachten, die dicht unter der Wasseroberfläche schwimmen. Der Zwergwels gehört zu den Fischen, die geringe Ansprüche an die Wasserqualität stellen und, ähnlich wie die Karausche und der Schlammpeitzger, auch in Gewässern leben können, in denen andere Fische ersticken würden. Er ist ein Allesfresser, der pflanzliche und tierische Nahrung verzehrt. In Europa erreicht er eine Länge von 25 bis 30 cm und ein Gewicht von etwa 0,5 kg.

Der Zwergwels ist ein ursprünglicher Bewohner Südkanadas und der USA; in den großen Seen Nordamerikas und im Einzugsgebiet des Sankt-Lorenz Stromes kommt er häufig vor.

Länge: maximal 30 cm
Gewicht: maximal 500 g
Merkmale: dem Wels ähnlich hat jedoch am Rücken eine kleine Fettflosse und acht lange Bartfäden um das breite Maul in der Rückenflosse und in den Brustflossen starke dornenartige Strahlen

1 Erwachsener Fisch
2 Brut
3 Bauchseite

2
1
3

Aal

Anguilla anguilla (L.)

Aale
Anguillidae

Der bekannte Aal hat einen langen schlangenförmigen Körper ohne Bauchflossen. Er hat kleine, tief in die Haut eingebettete Schuppen. Die sehr lange Rückenflosse und die Afterflosse gehen in die Schwanzflosse über und bilden um den Körper einen Flossensaum. Der Aal laicht im Atlantischen Ozean im Bereich der Sargasso-See zwischen den Bermuda- und den Bahama-Inseln. Die geschlüpften Larven unterscheiden sich stark von den erwachsenen Fischen; sie haben die Gestalt eines langen durchsichtigen Weidenblattes. Sie schwimmen mit der Meeresströmung langsam zu den Küsten Europas, wo sie sich in die kleinen schlangenförmigen Glasaale umwandeln. Die nicht erwachsenen Aale sind am Rücken dunkelgrün oder braunschwarz, an den Seiten und am Bauch gelblich oder weiß. Die Weibchen steigen flußaufwärts, die Männchen bleiben an den Mündungen. Die erwachsenen Fische haben auf der Wanderung große Augen, metallisch glänzende Seiten und einen silbrigweißen Bauch. In den süßen Gewässern leben die Aalweibchen 12 Jahre und länger, dann kehren sie in den Atlantik zurück, wo sie nach dem Laichen absterben. Die europäischen Aale kommen in zwei Formen vor: als Breitkopfaale und Spitzkopfaale, die sich durch die Art der Nahrung unterscheiden; die Form mit spitzem Kopf lebt von wirbellosen Tieren, die breitköpfige hauptsächtlich von Fischen. Die Aale erreichen gewöhnlich eine Länge von 100 bis 150 cm und ein Gewicht bis 4 kg, ausnahmsweise werden sie 2 m lang und 7 kg schwer.

Länge:
maximal 2 m
Gewicht:
maximal 7 kg
Merkmale:
schlangenförmiger Körper ohne Bauchflossen
Rücken- Schwanz- und Afterflosse bilden einen einheitlichen Flossensaum
die kleinen Schuppen sind tief in die Haut eingebettet

1 Erwachsener Fisch
2 Entwicklung
3a Breitkopf
3b Spitzkopf
4 Laichgebiet im Atlantik

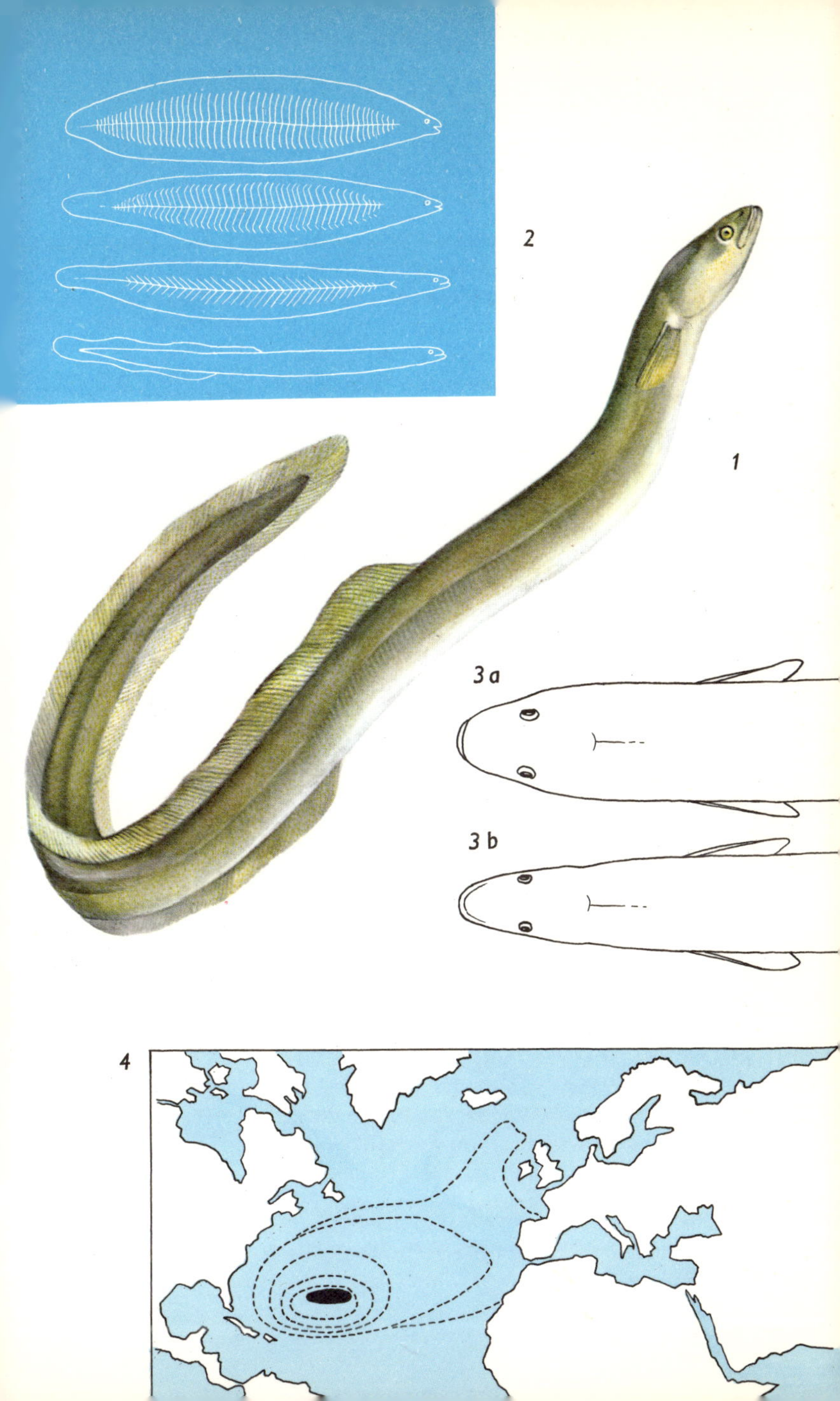
2
1
3 a
3 b
4

Goldmeeräsche

Mugil auratus RISSO

Großköpfige Meeräsche

Mugil cephalus (L.)

Die Goldmeeräsche ist ein bis 50 cm langer, seitlich etwas abgeflachter Fisch mit stark abgeplattetem Kopf und einem kleinen, nicht bis zum Auge reichendem Maul und mit großen Schuppen. Eine durchgehende Seitenlinie fehlt. Sie hat zwei kurze Rückenflossen, die ziemlich weit voneinander entfernt sind. Die erste Rückenflosse hat nur vier starke dornenartige Strahlen. Der Rücken ist bräunlich, an den Seiten befinden sich 6 bis 7 dunkelbraune Längsstreifen. Der Bauch ist weiß. Ein goldener Fleck liegt hinter dem Auge, ein anderer auf dem Kiemendeckel. Die Goldmeeräsche lebt in kleinen Schwärmen im Meer und zieht gern hoch stromaufwärts in die Flüsse. Sie ernährt sich von kleinen Bodentieren und Pflanzenteilen. Man findet sie in den Unterläufen der Flüsse vom Kleinen Belt an allen Küsten Europas einschließlich des Mittelmeeres und des Schwarzen Meeres.

Die Großköpfige Meeräsche wird 70 cm lang. Ihr Rücken ist gräulich und weist einen goldenen und bläulichen Metallschimmer auf. An den Seiten hat sie 9 bis 10 dunkle Längsstreifen, die Kiemendeckel schimmern golden und silbern. Ihre Biologie ähnelt der der Goldmeeräsche. Sie kommt an den Küsten des Indischen, des Stillen und des Atlantischen Ozeans vor, in Europa von der Mündung der Loire südwärts. Alle Meeräschen haben große wirtschaftliche Bedeutung, ihr Fleisch ist sehr schmackhaft. Sie werden mit den verschiedensten Netztypen gefangen.

Mugil auratus
Länge:
maximal 50 cm
Gewicht:
maximal 2 kg
Merkmale:
an den Seiten 6 bis 7 dunkelbraune Längsstreifen hinter dem Auge und auf dem Kiemendeckel ein goldschimmernder Fleck

Mugil cephalus
Länge:
maximal 70 cm
Gewicht:
maximal 4 kg
Merkmale:
an den Seiten 9 bis 10 dunkle Längsstreifen die Kiemendeckel schimmern golden und silbern

1 *Mugil auratus*
1a Ansicht von oben
2 *Mugil cephalus*
2a Ansicht von oben

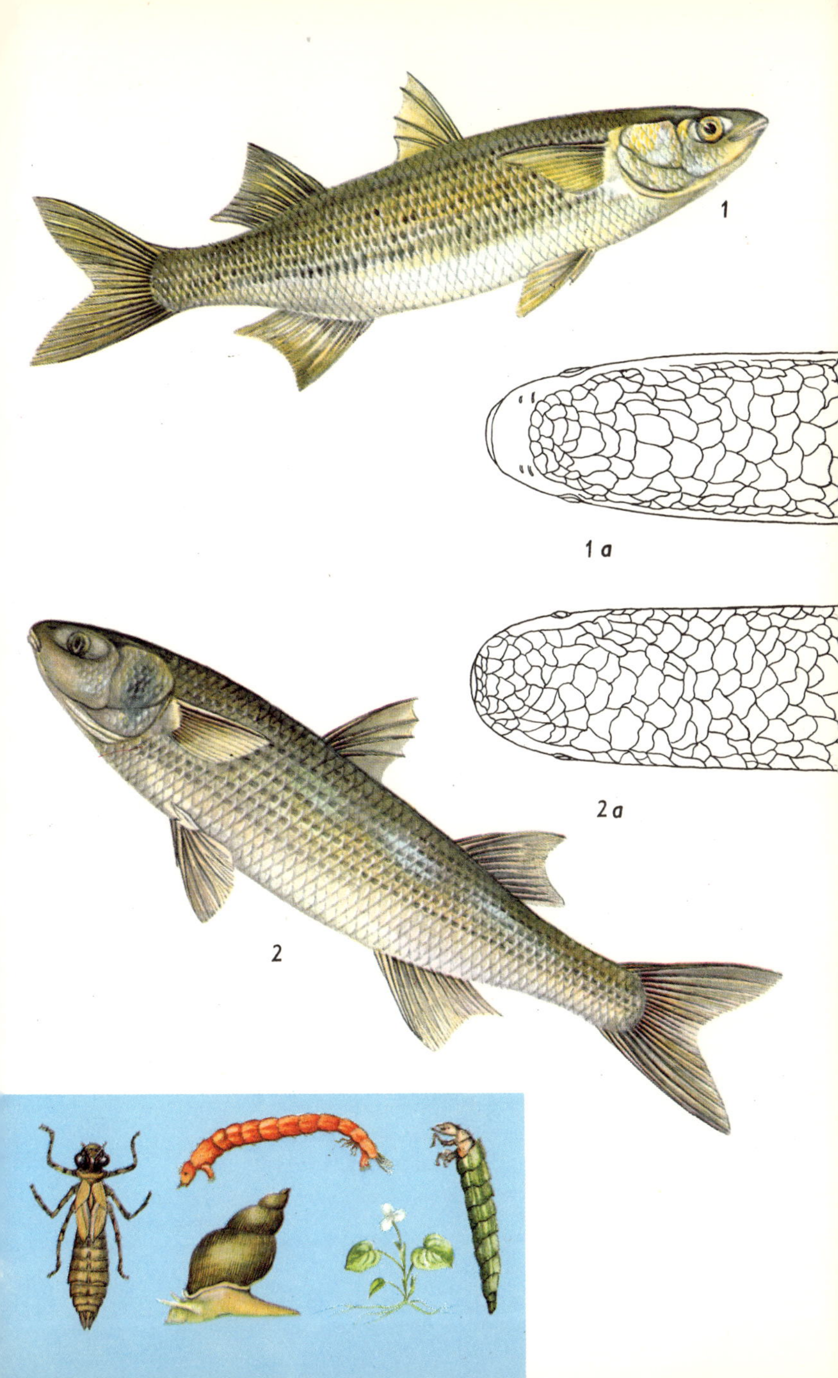
1
1 a
2 a
2

Barsch

Perca fluviatilis (L.)

Barsche
Percidae

Einer der meistverbreiteten Fische Europas ist der Barsch, für den der ovale, seitlich etwas abgeplattete Körper mit zwei Rückenflossen und mit Ctenoidschuppen und nahe beieinanderstehenden Bauchflossen charakteristisch ist. An den Körperseiten hat der Barsch 6 bis 9 dunkle Querbinden. Am Hinterrand der ersten Rückenflosse befindet sich ein schwarzer Fleck. Die Bauchflossen und die Afterflossen sind rötlich. Der Barsch erreicht eine Länge von 30 bis 50 cm und ein Gewicht von 1 bis 2 kg, selten von 5 kg. Er bewohnt fließende und stehende Gewässer und hält sich mit Vorliebe in Buchten auf, an Ufern mit reichem Pflanzenbewuchs in den mittleren und unteren Flußläufen, in Altarmen, Teichen, Seen und Staubecken. Meistens lebt er in Bodennähe. Er laicht vom April bis Mai. Die Eier werden in langen netzartigen Gallertbändern abgelegt, die sich um Reste von Wasserpflanzen und unter Wasser befindliche Äste wickeln. Diese Laichbänder sind 1 bis 2 m lang und 1 bis 2 cm breit. Die jüngeren Jahrgänge halten sich in Schwärmen auf, ältere Barsche sind oft ausgesprochene Einzelgänger. Sehr häufig vermehren sich die Barsche in den Gewässern zu stark, verdrängen die anderen Fischarten und wachsen dann sehr langsam. Sie ernähren sich von wirbellosen Wassertieren und kleinen Fischen.

Der Barsch kommt in ganz Europa vor mit Ausnahme Schottlands, der Pyrenäenhalbinsel, Italiens, der westlichen Balkanhalbinsel, der Krim und Nordnorwegens.

Länge:
maximal 60 cm
Gewicht:
maximal 5 kg
Merkmale:
am Ende
der ersten
Rückenflosse
schwarzer Fleck
an den Seiten
6 bis 9 dunkle
Querbinden
Bauchflossen un
Afterflossen
rötlich

Erwachsene
Fische

Zander Schill

Stizostedion lucioperca (L.)

Barsche
Percidae

Ein stattlicher, über 1 m langer und mehr als 12 kg schwerer Fisch mit gestrecktem spindelförmigem Körper und zugespitztem Kopf. Weite Maulspalte, die bis zum vorderen Augenrand reicht. In den Kiefern viele kleine Bürstenzähne, dazwischen große Fangzähne. Der Rücken des Zanders ist olivengrün, die Seiten sind heller, der Bauch ist weiß oder silbrig. An den Seiten acht und mehr dunkle Querstreifen. Der Zander lebt am Grund der tieferen Regionen des Flußbettes im mittleren und unteren Lauf der Flüsse mit sandigem oder lehmigem Grund. An die Wasseroberfläche schwimmt er in der Regel nur morgens oder gegen Abend, wenn er kleine Fische jagt. Er wird künstlich in Teichen gezüchtet und in Staubecken und Seen sowie Flüsse ausgesetzt. Er laicht im April und Mai an seichten Stellen mit stärker strömendem Wasser in Laichgruben von etwa einem halben Meter Durchmesser. In den Nestern des Zanders liegen freie Pflanzenwurzel, an denen die Eier angeklebt werden. Das Männchen bewacht die befruchteten Eier und fächelt sauberes Wasser zum Nest.

Der Zander lebt vom Einzugsgebiet des Rheins und der Donau nach Osten zu, in den letzten Jahren wird er an vielen Stellen ausgesetzt. Er ist ein wichtiger Nutzfisch mit hervorragendem Fleisch; er wird in verschiedene Netztypen gefangen und ist auch als Sportfisch sehr geschätzt.

Länge:
maximal 130 cm
Gewicht:
maximal 15 kg
Merkmale:
Fisch mit gestrecktem spindelförmigem Körper und schwarzbraunen Streifen an den Seiten die häufig in Flecken zerfallen vorn in den Kiefern große „Hundezähne"

1 Erwachsener Fisch
2 Detail des Kopfes

1
2

Wolga-Zander

Stizostedion volgense (GMELIN)

Barsche
Percidae

Der Östliche oder Wolga-Zander ist dem Zander sehr ähnlich, ist jedoch kleiner, und seine erste Rückenflosse ist sehr hoch. In den Kiefern fehlen etliche größere Zähne, wie sie der Zander *(Stizostedion lucioperca)* hat. Der ganze vordere Kiemenknochen ist mit Schuppen bedeckt. Die Färbung des Wolga-Zanders ist ähnlich der des Zanders, doch sind die Querstreifen meist deutlicher und zerfallen nicht in Flecken. Der Wolga-Zander erreicht ausnahmsweise etwas mehr als 50 cm Länge und ein Gewicht um 2 kg. Er bewohnt die tieferen sandigen oder steinigen Flußabschnitte, wo er sich gern in Bodenunebenheiten oder unter überhängenden Ufern verbirgt. Er laicht im April und Mai an seichten Stellen. So wie das Zandermännchen bewacht auch das Männchen des Wolga-Zanders sein Nest. Auf Nahrungsuche geht der Wolga-Zander hauptsächlich gegen Abend oder in der Nacht. Er nimmt auch in der kühlsten Jahreszeit Nahrung auf, die hauptsächlich aus Fischen besteht.

Der Wolga-Zander bewohnt die Zuflüsse des Schwarzen und des Kaspischen Meers von der Donau bis zum Uralfluß. Man verwechselt ihn leicht mit dem Zander, deshalb wird er manchmal als ein sehr seltener Fisch angesehen. In der Donau unterhalb von Bratislava und in den Donau-Altarmen kommt er jedoch häufig gemeinsam mit dem Zander vor.

Länge:
maximal 50 cm
Gewicht:
maximal 2 kg
Merkmale:
kleiner als
der Zander
am Körper
deutliche
dunkle Streifen
die sich nicht
in Flecken
auflösen
im Maul
keine auffallend
größeren Zähne

Erwachsene
Fische

Schrätzer
Acerina schraetser (L.)

Kaulbarsch
Acerina cernua (L.)

Der langgestreckte, relativ niedrige Körper mit großem zugespitztem Kopf und ein langer Dorn an den Kiemendeckeln kennzeichnen den Schrätzer. Er wird bis 24 cm lang. Sein Rücken ist olivengrün, an den gelben Seiten befinden sich 3 bis 4 schwarze, manchmal unterbrochene Längsstreifen. Am Vorderteil der Rückenflosse befinden sich in regelmässigen Reihen ovale dunkle Flecken. Der Schrätzer ist ein ziemlich selten vorkommender Fisch, den man nur in tiefen und sandigen Flußabschnitten mit stärkerer Strömung in größerer Zahl antrifft, und zwar in der Donau und den Donauzuflüssen von Bayern bis zum Delta.

Der Kaulbarsch ist ein kleinerer, meistens nur 10 bis 15 cm langer Barschfisch mit graugrünem Rücken und undeutlichen dunklen Flekken und mit bräunlichen Seiten. Die Kiemen weisen einen deutlichen Metallglanz auf. Der Bauch ist gelbweiß. Die nichtpaarigen Flossen sind dicht mit dunklen Flecken übersät. Die erste, stachlige Rückenflosse geht unmittelbar in die zweite Rückenflosse mit weichen Strahlen über. Der Kaulbarsch bewohnt die Flußunterläufe; er ist ein Tiefenfisch, der sich von kleinen wirbellosen Bodentieren und von Fischbrut ernährt. Er laicht im April bis Juni und legt die Eier auf den Grund ab.

Man findet ihn von England und Nordostfrankreich nach Osten zu in ganz Europa, nicht aber in Irland und Schottland, im nördlichen Norwegen, auf der Pyrenäenhalbinsel, in Italien und auf dem westlichen und südlichen Balkan.

1 *Acerina schraetser*
Länge:
maximal 25 cm
Gewicht:
maximal 150 g
Merkmale:
langgestreckter schlanker Körper
mit großem Kopf
Kiemendeckel mit langem Dorn
an den Seiten 3 bis 4 schwarze Längsstreifen

2 *Acerina cernua*
Länge:
maximal 15 cm
Gewicht:
maximal 70 g
Merkmale:
Rückenflosse verbunden
Seitenlinie unvollständig
kleines endständiges Maul
Kiemendeckel mit starkem Dorn

1
2

Zingel

Zingel zingel (L.)

Barsche
Percidae

Streber

Zingel streber SIEBOLD

Der Zingel hat einen langen, schlanken Körper mit großem Kopf und relativ kurzem Schwanzstiel. Unterständiges Maul. Am gelbgrauen Körper findet man dunkle kleine Flekken und vier dunkle unregelmäßige verwaschene Querbinden. Er lebt am Grund tieferer fließender Gewässer und ist relativ wenig aktiv. Tagsüber liegt er meist zwischen Steinen und in Höhlungen versteckt. Laichzeit: April und Mai. Die Eier werden über Kiesgrund im Flußbett abgelegt. Er ernährt sich von wirbellosen Tieren und kleinen Fischen.

Der Zingel bewohnt seichte Uferpartien im Bereich der Flüsse Donau und Dnjestr.

Der Streber ist dem Zingel ähnlich, hat jedoch einen viel längeren und dünneren Schwanzstiel. An seinem gelbbraunen oder graubraunen Körper hat er 4 bis 5 deutliche dunkle Querbinden. Er wird 12 bis 17 cm lang. Er lebt am Grund tieferer Flußabschnitte und wird erst in der Nacht aktiv. Laichzeit: März und April; in dieser Zeit nimmt sein Körper einen grünen metallischen Glanz an. Seine Nahrung bilden die verschiedensten wirbellosen Bodentiere.

Er lebt in der Donau, im Dnjestr und in den Zuflüssen der in das Schwarze Meer mündenden Flüsse; ebenso wie der Zingel zieht er in der Donau stromaufwärts bis nach Österreich und Bayern.

1 *Zingel zingel*
Länge:
maximal 50 cm
Gewicht:
maximal 500 g
Merkmale:
schlanker langgestreckter Fisch mit großem Kopf und halbunterständigem Maul an den Seiten vier dunkle unregelmäßige verwaschene Querbinden

2 *Zingel streber*
Länge:
maximal 17 cm
Gewicht:
maximal 170 g
Merkmale:
langgestreckter schlanker Körper mit auffallend langem Schwanzstiel an den Seiten 4 bis 5 deutliche dunkle Querbinden

1
2

Groppe Koppe

Cottus gobio LINNÉ

Groppen
Cottidae

Sibirische Groppe

Cottus poecilopus HECKEL

Die Groppe ist ein wenig beweglicher kleiner Fisch mit großem Kopf und breitem Maul, der die reinen Gebirgsbäche der Forellenregion bewohnt. Der schuppenlose Körper hat zwei getrennte Rückenflossen. Die Bauchflossen sind weißlich und ziemlich kurz, sie reichen nicht bis zur Afteröffnung; ihr innerer Gliederstrahl ist länger als die Hälfte des äußeren. Die Groppe hält sich unter Steinen verborgen und kann sich in der Farbe vollkommen dem Grund anpassen. Sie laicht im April. Das Männchen bewacht und betreut das klumpenförmige Gelege, das an die Unterseite von Steinen angeklebt ist. Die Nahrung der Groppe bilden Insektenlarven. Die Groppe wird als ein ernster Schädling der Forelleneier angesehen. Sie lebt in Europa von England und von den Pyrenäen bis zum Kaspischen Meer; in Südeuropa und in den nördlichen Gebieten (Irland, Schottland, Skandinavien, UdSSR) kommt sie nicht vor.

Die Sibirische Groppe ähnelt der Groppe, nur ihre Bauchflossen sind anders gefärbt und länger als die der Groppe; sie haben dunkle Querstreifen und reichen bis zur Afteröffnung oder auch dahinter. Der innere Gliederstrahl der Bauchflossen ist kurz, er ist nicht länger als zwei Fünftel des äußeren. Die Sibirische Groppe bewohnt die Zuflüsse des Nördlichen Eismeers von Skandinavien ostwärts, die Ostsee und das Einzugsgebiet der Donau und des Dnjestr. In den Flüssen steigt sie in eine höhere Seehöhe als die Groppe.

1, 3, 4 *Cottus gobio*
Länge:
maximal 15 cm
Gewicht:
maximal 80 g
Merkmale:
vollständige Seitenlinie
innerer Gliederstrahl der weißgrauen Bauchflossen länger als die Hälfte des äußeren

2, 5 *Cottus poecilopus*
Länge:
maximal 15 cm
Gewicht:
maximal 80 g
Merkmale:
Bauchflossen relativ lang
sie sind deutlich quer gestreift und reichen bis zur Afteröffnung
ihr innerer Gliederstrahl ist sehr kurz kürzer als die Hälfte des äußeren Strahls der Bauchflossen

1
2
3
4
5

Forellenbarsch

Micropterus salmoides LACÉPÈDE

Sonnenbarsche
Centrarchidae

Dieser nordamerikanische Fisch wird seit den achtziger Jahren des vorigen Jahrhunderts in Europa in Karpfenteichen und manchen Alpenseen gehalten. Die vordere Hälfte der Rückenflosse ist niedriger als die hintere. Der Körper des Forellenbarsches ist gestreckt, das Maul ist weit gespalten. Das Ende des Oberkiefers reicht bis zum hinteren Augenrand. An den Seiten zieht sich ein welliger schwarzer Streifen, der Rücken ist dunkelgrün, Seiten und Bauch sind silbrig. Bei den jüngeren Tieren ist der wellige schwarze Streifen deutlicher, bei den älteren ist er in der Regel nur schwach angedeutet. Der Forellenbarsch lebt in langsam fließenden oder auch stehenden Gewässern mit reichem Pflanzenbewuchs. Laichzeit: Mai und Juni. Eier und Brut werden von den Männchen bewacht. Die Jungfische ernähren sich von Plankton, gehen aber bald auf Wasserinsektenlarven über; die älteren jagen hauptsächlich kleine Fische und andere kleine Wirbeltiere, zum Beispiel Frösche.

Der Forellenbarsch ist in den USA und in Kanada beheimatet, wo er in den großen Seen, im Einzugsgebiet des Mississippi lebt und nach Süden bis nach dem nordöstlichen Mexiko und nach Florida vordringt. In Europa erreicht er eine Länge von 35 bis 40 cm und ein Gewicht von über 2 kg, im Süden der USA bis 8 kg.

Länge:
maximal 45 cm
Gewicht:
maximal 2,5 kg
Merkmale:
Vorderteil der Rückenflosse niedrig und stachelig
der hintere Teil ist höher
das große Maul ist bis zum hinteren Augenrand gespalten
an den Seiten welliger schwarzer Streifen

Erwachsene Fische

Sonnenbarsch

Lepomis gibbosus (L.)

Sonnenbarsche
Centrarchidae

Der Sonnenbarsch, ein mit dem Forellenbarsch verwandter nordamerikanischer Fisch, wurde gemeinsam mit diesem aus den USA nach Europa gebracht. Er hat einen hohen, seitlich stark zusammengedrückten Körper und ein kleines, etwas oberständiges Maul. Die Rückenflosse ist ungeteilt, ihr stacheliger Vorderteil ist länger als der aus weichen Strahlen bestehende hintere Teil. Die Brustflossen sind lang und spitz. Der Sonnenbarsch ist sehr bunt gefärbt: der Rücken ist olivengrün, die Seiten sind bläulich mit runden roten oder orangefarbenen Flecken. An den Kopfseiten findet man blaue und orangefarbene Streifen, am häutigen Anhang der Kiemendeckel einen roten oder orangefarbenen Fleck. Der Sonnenbarsch erreicht eine Länge von 15 bis 20 cm und ein Gewicht von 250 g; im Durchschnitt leben in den Gewässern Europas jedoch viel kleinere Fische. Er bewohnt stark verkrautete Seen und Flußbuchten. Laichzeit: Mai und Juni, manchmal auch später. Die Eier werden in flache Laichgruben abgelegt und von den Männchen bewacht. Häufig findet man große Kolonien von Nestern. Die Nahrung des Sonnenbarsches besteht aus Planktontieren und Bodentieren, auch Fischlaich und -brut werden nicht verschmäht.

Die Heimat des Sonnenbarsches ist Nordamerika von Dakota bis zum Golf von Mexiko. Eine verwandte Art lebt in den Antillen und in Mittel- sowie Südamerika. In Europa wurde der Sonnenbarsch offenbar durch die Aquarienhalter verbreitet, manchmal auch mit wirtschaftlich wertvollen Satzfischarten.

Länge:
maximal 20 cm
Gewicht:
maximal 250 g
Merkmale:
Vorderteil der Rückenflosse niedriger als der hintere Teil
Körper hoch und seitlich stark zusammengedrückt
am häutigen Anhang des Kiemendeckels rötlicher Fleck

Erwachsene Fische

Dreistachliger Stichling

Gasterosteus aculeatus (L.)

Stichlinge
Gasterosteidae

Der Stichling ist ein kleiner Fisch, dessen typisches Merkmal in den einzelnen beweglichen Stacheln vor der Rückenflosse besteht. Die Bauchflossen liegen dicht hinter den Brustflossen. Körper spindelförmig, mit Knochenplatten bedeckt. Der Rücken ist graublau, olivengrün oder grau, die Seiten sind silbrig weiß. Der Stichling wird höchstens 10 cm lang, meistens jedoch nur 4 bis 6 cm. Er laicht in der Regel im April, häufig dauert das Ablaichen jedoch bis Juni. In der Laichzeit verändert sich die Farbe des Vorderteils der Körperunterseite bei den Männchen in Orangefarben bis Rot, der Bauch nimmt einen silbrigen Glanz und der ganze Körper einen starken metallischen Glanz an. Das Männchen baut aus Pflanzenresten eine Art Nest. Nach der Eiablage übernimmt das Männchen allein die Pflege und Bewachung der Eier und eine Zeitlang der Brut. Die Nahrung des Stichlings bildet in der Jugend tierisches Plankton, später gröbere Benthostiere, in erster Linie Zuckmückenlarven.

Der Stichling ist eine zirkumpolare Art der kühlen und gemäßigten Zone der nördlichen Hemisphäre. In Europa findet man ihn vom Schwarzen Meer, von Süditalien und der Pyrenäenhalbinsel bis zur Nordküste Norwegens, Nowaja Semlja und Island. Nach dem Osten ist er bis ins Einzugsgebiet der Düna und des Dnjepr sowie auf der Krim verbreitet. Im Einzugsgebiet der Wolga und südlich vom Balkan kommt er nicht vor.

Länge:
maximal 10 cm
Gewicht:
maximal 30 g
Merkmale:
vor der Rückenflosse drei einzelne bewegliche Stacheln
der Körper ist von Knochenplatten bedeckt

1 Erwachsene Fische ♀
2 ♂

1
♀
♀
1
2
♂

Quappe Rutte

Lota lota (L.)

Dorschfische
Gadidae

Die Quappe ist der einzige Vertreter der Dorschfische, der im Süßwasser lebt und einen langgestreckten, hinten seitlich zusammengedrückten Körper hat. Die Bauchflossen befinden sich vor den Brustflossen, ihr zweiter Strahl ist fadenförmig verlängert. Am Kinn hat die Quappe einen Bartfaden. Sie hat zwei Rückenflossen, von denen die zweite sehr lang ist; lang ist auch die Afterflosse. Rücken und Seiten sind graubraun, Körper und Flossen sind auffällig marmoriert, der Bauch ist weißlich. Die Quappe wird selten mehr als 1 m lang und mehr als 20 kg schwer. Sie lebt verborgen am Grund und in unterwaschenen Ufern der Forellen-, Äschen- und Barbenregion der europäischen Flüsse, manchmal auch in den Unterläufen der Flüsse, in Seen oder Teichen. Die Quappe ist ein Raubfisch, der sich hauptsächlich von Fischen und Fröschen ernährt. Das Ablaichen erfolgt im Winter auf steinigem Boden an seichten Stellen, wobei die Eierzahl sehr groß ist. Sie kann eine Million betragen.

Die Quappe lebt in fast ganz Europa nördlich vom Balkan und von den Pyrenäen. In Italien kommt sie im Einzugsgebiet des Po vor. In manchen Gegenden ist sie, vor allem in den nördlichen Gebieten, ein wirtschaftlich wichtiger Fisch, dessen Fleisch und Leber hoch geschätzt werden.

Länge:
maximal 1 m
Gewicht:
maximal 20 kg
Merkmale:
Bauchflossen vor den Brustflossen
Afterflosse und zweite Rückenflosse sehr lang
am Kinn ein Bartfaden

1 Erwachsener Fisch
2 Detail des Kopfes

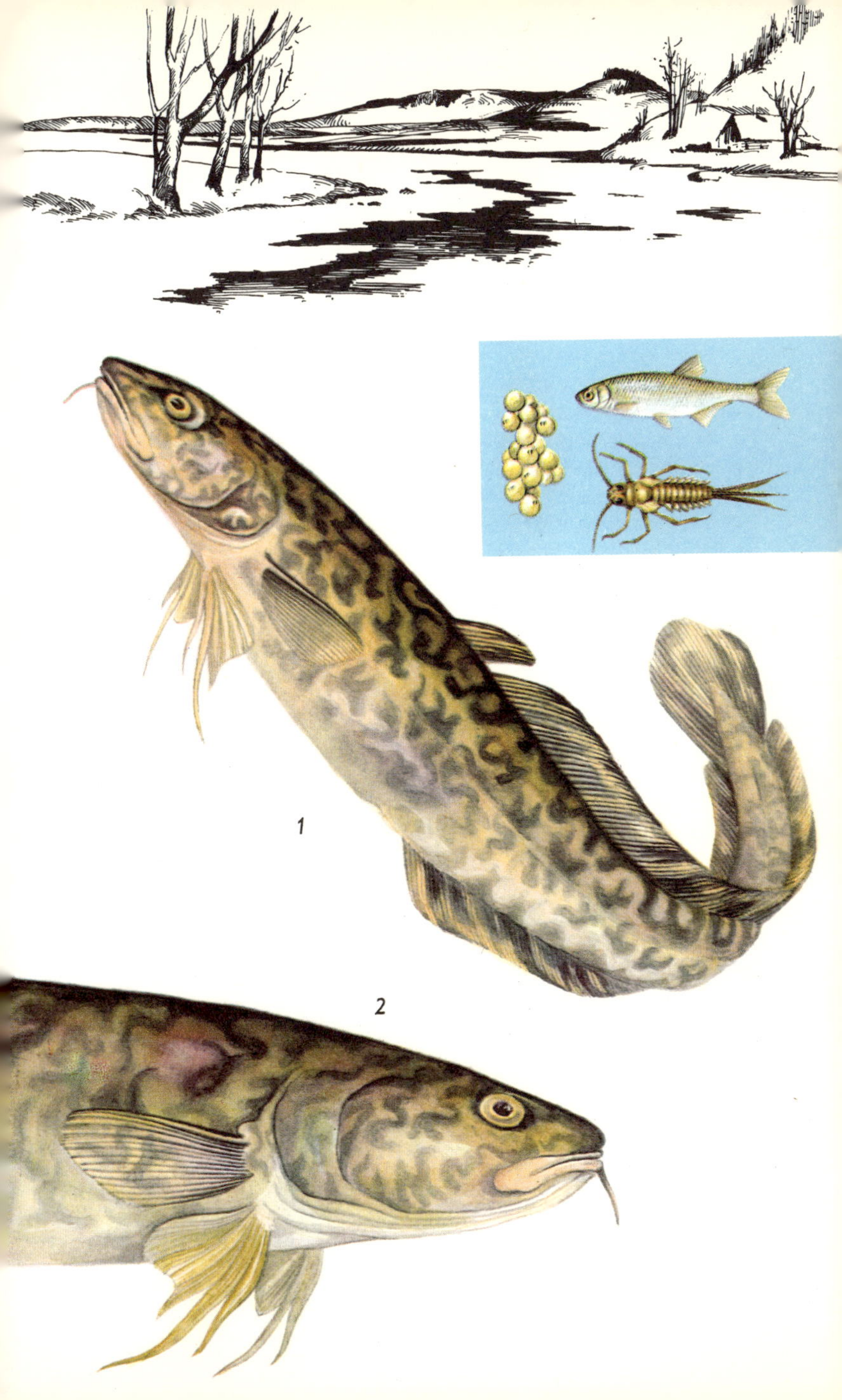
1
2

Flunder Butt

Platichthys flesus (L.)

Schollen

Pleuronectidae

Der Körper der Flunder ist sehr stark abgeflacht und viel höher als breit. Die Flunder schwimmt auf der Seite. Beide Augen liegen auf einer Seite, entweder auf der rechten oder der linken. Die Seite, die vom Grund abgewendet ist, und wo sich die Augen befinden, ist dunkel pigmentiert, die andere, die Blindseite, ist weiß. Die Rückenflosse ist sehr lang. Der Körper ist mit sehr kleinen Schuppen bedeckt, die Seitenlinie ist gut entwickelt. Die Körperoberseite ist bräunlich oder olivengrau, häufig mit unregelmässigen großen dunklen und kleinen braunen oder gelben Flecken. An der Basis der Rücken- und Afterflosse und entlang der Seitenlinie befinden sich dornige Hautwarzen. Die Flunder ist ein gesellig lebender Grundfisch, der am sandigen Grund seichter Meere, in den Flüssen in Ufernähe und im Brackwasser sowie auch weit im Binnenland in den Flüssen lebt. Sie laicht im Januar bis April im Meer in Tiefen zwischen 20 und 40 m. Die Eier sind planktonisch. Die Jungfische ernähren sich hauptsächlich von kleinen Krebstieren, später von Würmern, Mollusken und Insektenlarven. Die 10—12 mm langen jungen Flundern steigen in den Flüssen auf, wo sie 3 bis 4 Jahre zubringen, um dann wieder ins Meer zu ziehen.

Die Flunder lebt an den Küsten Europas vom Weißen Meer bis zum Schwarzen Meer und bildet in ihrem Verbreitungsgebiet sechs geographische Rassen. In manchen Gebieten besitzt sie große wirtschaftliche Bedeutung.

Länge:
maximal 50 cm
Gewicht:
maximal 4 kg
Merkmale:
ovaler stark abgeflachter Körper
beide Augen auf einer Seite (Oberseite)
die lange Rückenflosse beginnt über dem Auge
die Bauchflossen liegen vor den Brustflossen

1 Seitenansicht
2 Ansicht von oben

1

2

DER INDUSTRIELLE FISCHFANG

Während der Fischfang in einem Teich relativ einfach ist und die Teichwirte in der Regel mit einem einzigen Typ eines großen Netzes – einem Zugnetz – auskommen, ist der Fischfang in Netze in den freien Gewässern weit schwieriger, denn dafür sind verschiedenste Netze erforderlich. In kleineren Wasserläufen, vor allem in den Forellengewässern, sind in den zurückliegenden Jahrzehnten zum Fangen der laichreifen Fische Elektrofischereigeräte zu unentbehrlichen Hilfsmitteln geworden. Durch kurze elektrische Entladungen werden die Fische für einige Augenblicke narkotisiert, so daß sie mühelos gefangen werden können. Dabei nehmen sie keinen Schaden, und die Fischer können sie nach dem Ablaichen wieder in das Wasser aussetzen.

An Flüssen, Staubecken und Seen wird am häufigsten das sogenannte Zugnetz benutzt. – Häufig mißt es mehrere hundert Meter in der Länge und ist zehn oder mehr Meter hoch. Motorboote ziehen das Netz vom Ufer weg und breiten es in einem Halbkreis auf dem Wasser aus. Später wird das Netz, das durch Schwimmer an der Oberfläche schwimmt und in die Tiefe hängt, rasch zum Ufer gezogen. Sobald die untere, bleibeschwerte Schnur des Netzes in der ganzen Länge auf dem Grund liegt, können die Fische kaum entkommen. Die Maschen des Zugnetzes sind relativ weit, damit nur ältere und größere Jahrgänge „ins Netz" gehen. Die kleineren Fische schwimmen leicht hindurch und bleiben im Staubecken.

Sehr wirksam sind die sogenannten Stellnetze auf den freien Gewässern. Die älteren Typen, die aus unterschiedlich dichten Netzen bestanden, werden in den letzten Jahren durch praktische Netze aus Nylonschnur ersetzt, die sehr fest und für die Fische im Wasser nahezu unsichtbar sind. Die Fische, die in die Netze schwimmen, verfangen

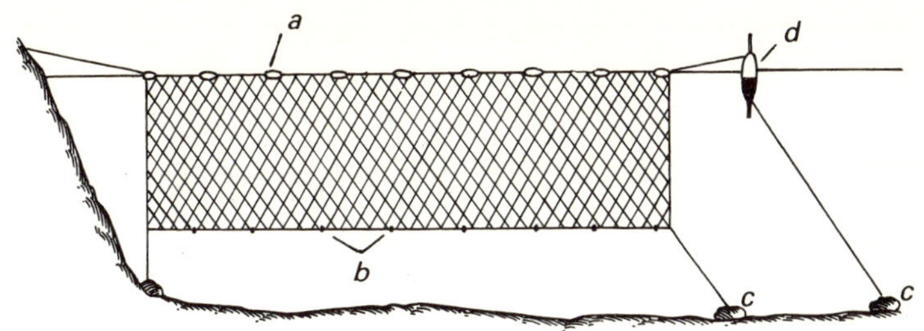

Abb. VIII. Schema der Ausbringung eines Stellnetzes
a) Schwimmer b) Bleibeschwerungen an der unteren Schnur
c) Steinbeschwerungen d) Boje

sich an den Kiemen oder mit der vorderen Körperhälfte. Die Fangnetze sind gewöhnlich 30 bis 40 m lang und 3 oder 4 m hoch; die Maschenweite richtet sich nach der Größe der zu fangenden Fische. In der Regel werden Fangnetze mit Maschenweite von 3 × 3 bis 12 × 12 cm verwendet, für den Fang besonders großer Fische auch mit Maschenweite 15 × 15 cm. Die Netze sind oben mit Schwimmern und unten mit Beschwerungen versehen, so daß sie wie ein Vorhang im Wasser hängen. Mit Hilfe langer Schnüre werden sie am Ufer oder an einer fest verankerten Boje befestigt.

Fischreusen sind gewissermaßen Fischfallen. Korb- oder Drahtreusen dienen hauptsächlich zum Aalfang, Netzreusen zum Fang aller Fischarten. Diese Netze bilden ein System sich trichterartig verengender Eingänge, an die die langen Netzflügel angeschlossen sind. Sie werden in den flacheren Abschnitten der Flüsse, Seen und Staubekken so angebracht, daß die Flügel die Fische, die in Schwärmen auf Nahrungsuche ziehen, in die eigentliche Fangvorrichtung leiten.

Der Fischfang in Senkgarne bzw. Hamen – quadratische Netze, deren Ecken mittels elastischen Gerten an ein Achsenkreuz befestigt sind – besitzt örtliche Bedeutung vor allem an manchen größeren Flüssen. Der Fischer hebt

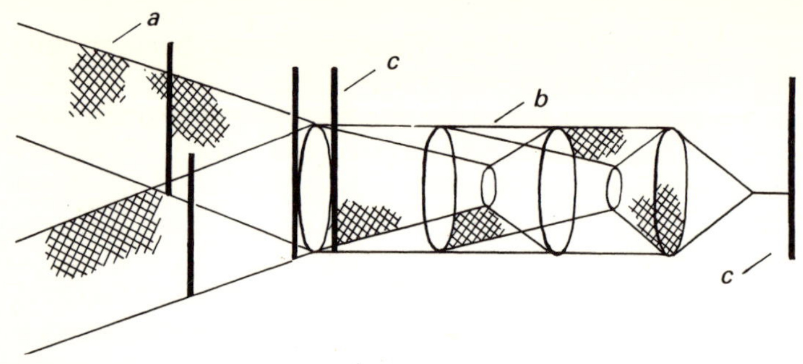

Abb. IX. Reuse a) Flügel b) Fangvorrichtung c) Befestigungsschnüre

den an einer langen Stange befestigten Hamen von Zeit zu Zeit über das Wasser und fängt so die Fische ab, die sich gerade über dem auf dem Boden liegenden Netz befinden. Dieses Verfahren ist hauptsächlich zur Zeit der Fischzüge praktisch.

Das Wurfnetz oder Staknetz ist ein kegelförmiges Netz mit dichten Maschen, das sich beim Werfen über der Wasserfläche in einem Kreis ausbreitet. Am Netzumfang sind Beschwerungen angebracht, so daß das Netz rasch auf den Grund sinkt. Wenn es den Grund erreicht hat, schließen es die Fischer mit Hilfe feiner Bindfäden, die am Rand befestigt und durch die Mitte hindurchgezogen sind, und ziehen es mit den darin gefangenen Fischen an Land.

An Seen und manchen Staubecken wird häufig auch

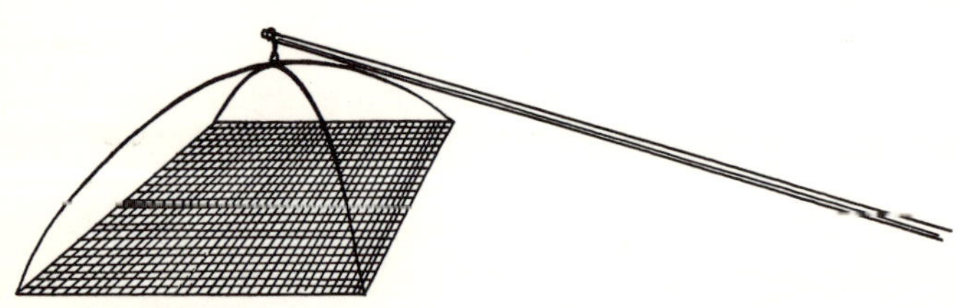

Abb. X. Senkgarn oder Hamen

eine sogenannte ständige Fangeinrichtung benutzt, eine Art Labyrinth, das in einer Reuse endet.

Das modernste Mittel für den Fischfang in großen Seen ist das Grundschleppnetz (Trawl), ein großes Netz, das von einem oder zwei Schiffen gezogen wird und mit einem elektrischen Gerät ausgestattet ist, das die Fische vor dem Netz narkotisiert.

Während der Fischfang mit Netzen auf dem Meer und in den süßen Gewässern einen wichtigen Wirtschaftszweig darstellt und meist eine schwere Arbeit bedeutet, ist der Angelsport eine Gelegenheit zu Entspannung, die Millionen Menschen auf der ganzen Welt mit Hingabe nutzen. Angeln ist eines der besten Mittel aktiver Erholung in der freien Natur und vermittelt den Anglern zahllose schöne Erlebnisse, angenehme Aufregungen und unvergeßliche Abenteuer. Dabei geben die Angler der Natur zurück, was sie ihnen schenkt. Sie sind wichtige Helfer im Kampf um die Erhaltung der Sauberkeit der Gewässer, für den Schutz der Natur und der Umwelt im allgemeinen.

WEITERFÜHRENDE LITERATUR

Bauch, G., 1953: *Die einheimischen Süßwasserfische.* Neumann Verlag, Radebeul und Berlin

Berg, L. S., 1948: *Freshwater Fishes of the U.S.S.R. and Adjacent Countries.* Moskau—Leningrad (Transl. Jerusalem 1962)

Frank, S., 1969: *Das große Bilderlexikon der Fische.* Bertelsmann Lexikon-Verlag, Gütersloh—Artia, Prag

Grzimeks Tierleben, 1970: Bd. IV. und V.. Kindler Verlag AG, Zürich

Harald, E. S., 1961: *Living Fishes of the World.* Hamish Hamilton, London

Klausewitz, W., 1969: *Fische.* Delphin-Naturbücherei, Delphin Verlag, Stuttgart und Zürich

Ladiges, W., Vogt., D., 1965: *Die Süßwasserfische Europas.* Paul Parey, Hamburg und Berlin

Sterba, G., 1959: *Süßwasserfische aus aller Welt.* Urania-Verlag, Leipzig—Jena—Berlin

Urania Tierreich 1967: *Fische, Lurche, Kriechtiere.* Urania-Verlag, Leipzig—Jena—Berlin

Vostradovský, J., Malý, J., 1973: *Poissons d'eau douce.* Gründ, Paris—Artia, Prague

REGISTER DER DEUTSCHEN NAMEN